Gründliche und vo...

Anweisung

in der

deutschen

Fecht - Kunst

auf

Stofs und Hieb

aus ihren innerften Geheimniffen wiffenfchaftlich erläutert, für Kenner zur Ausbildung und als Kunftfchatz, für Lernende fyftematifch und deutlich entworfen.

Mit Kupfern.

Jena,

in Wolfgang Stahls Buchhandlung, 1798.

Inhalt

)(2

IV

Vier-

Vier-

VIII

Einlei-

Einleitung.

Von der Fechtkunst, und ihrer Eintheilung überhaupt.

---

§. 1.

Fechtkunst, im ſtrengen Verſtande genommen, in dem ihr ohne Scheu der Name edel vorgeſezt werden darf, iſt eine Wiſſenſchaft, verbunden mit körperlicher Fertigkeit, ſich des Degens zur Vertheidigung ſeines Körpers, und Verletzung des Feindes regelmäſsig und mit Vortheil als Leibesübung zu bedienen. Dieſem Begriffe gemäſs zerfällt ſie, in ſo fern blos der Verſtand dabey beſchäftiget iſt, in den theoretiſchen, und in ſo fern ſich der Körper zur Ausübung deſſen, was jener begriffen, nach und nach geſchickt macht, in den praktiſchen Theil. Lezterer bildet zwar das Fechten im allgemeinen und natürlichen Sinne, kann ſich aber nur in Verein gründlicher

A   Kennt-

Kenntniſſe und Regeln zu einem Grade von Kunſt emporſchwin-
gen. *)

*) Um deswillen berühre ich auch die Eintheilung des Fechtens in regel-
und unregelmäſsiges nicht weiter, und nehme in der Folge nur
in ſo fern auf lezteres Räckſicht, als es das Verfahren dagegen
betrifft.

§. 2.

Das innere Gewebe der Fechtkunſt ſind körperliche Bewegungen, die man zur Begünſtigung des gewiſſen Sieges an Regeln
gebunden hat. Dieſe betreffen die Lenkung des Degens, um
immer den kürzeſten und ſicherſten Weg zur Vertheidigung, oder
Verletzung zu nehmen, und die Anwendung der Kräfte, um
ſolche in ſeinem Vorhaben weder verſchwenden, noch als unzurei-
chend finden zu müſſen.

§. 3.

Die fechtenden Partheyen verhalten ſich Angriffs- oder Ver-
theidigungsweiſe gegen einander. Jenes, das Offenſiv-
Fechten, iſt die Kunſt, dem Feinde in ſeiner Stellung würk-
ſam nahe zu rücken, doch ſo, daſs ich dabey gegen einen unvermutheten Zwiſchenangriff ſchon geſchüzt bin, oder mich leicht
ſchützen kann. Defenſivegehen hingegen heiſt, wenn ich in einem abſichtlichen Lager den feindlichen Angriff erwarte, denſelben
zurückſchlage, und falls ich einen Gegenangriff nicht für gut halte,
mich von neuen in Vertheidigungsſtand ſetze. Dieſes unmittelbare
und mittelbare Begegnen entwickelt den Begriff vom Kontrafechten überhaupt, welches alsdann, wenn Vertheidigung und Gegenangriff, nicht einzeln für ſich und nach einander, ſondern in
einer und ebenderſelben Würkung zu gleicher Zeit des feindlichen
Angriffs erfolgen, das Kontrafechten a tempo genennt wird.

§. 4

§. 4.

Das Fechten gefchieht gewöhnlich auf die rechte Hand, und zwar, je nach dem man fich zur Verletzung des Feindes der Schneide oder Spitze des Degens bedient, entweder auf den Hieb oder auf den Stich, welches leztere das Stofsfechten genannt wird. Die Mittel fowohl für als dagegen zu würken, beruhen eigentlich, auf einer künftlichen Verwechfelung der Lage des Degens in geraden Linien, Winkeln, Zirkeln, und dem Unterfchiede der Entfernung: allein diefes fchlichte und gerade Verfahren hat man noch durch vortheilhaftes Verändern der Stellung, durch Scheinhandlungen, Gebrauchen beider Hände u. f. w. begünftiget, und dadurch die Zergliederung der Fechtkunft in die urfprüngliche und gefuchtere oder zufammengefezte veranlafst. Nachftehende findet fowohl in einem feften Lager, als auch im Fortgehen ihre Anwendung, und zerlegt fich abermal in das Fechten mit feftem Fufse und in das Kaminiren.

§. 5.

Alle Regeln, denen die Fechtkunft, fo lang fie in den Schranken der Vernunft bleibt, folgt, ftimmen genau mit der Befchaffenheit unferes Körpers und Degens überein, und leiten ihren erften Urfprung aus der allgemeinen Mathematik. Die Grundfätze diefer Wiffenfchaft bürgen daher für den bewährten Nutzen der Fechtkunft, und führen zugleich auf den prüfenden Weg des Verfahrens.

§. 6.

Auffer den gewiffen Verdienften, die uns die Fechtkunft im Fall der Nothwehr zu erkennen giebt, die fie fich unter dem Soldatenftand wegen Vertheidigung und Selbfterhaltung erwirbt, trägt fie auch fehr viel zur vortheilhaften Bildung des Körpers bey. Durch fie wird der ganze Bau unferer Glieder in Ordnung erhalten, und zur

Ausdauer bey Anwendung der Kräfte gehärtet. Durch fie wird die angebohrne Plumpheit unferes Leibes gebrochen, und derfelbe da gegen zu jeder Stellung gefchwindet. Unter ihrer Verbindung ftrömt das Blut munter und rafch durch feine Gefäfse, und der Jüngling fchiefst edel, wie die Lilie auf ihrem Beete, empor. Fechtkunft engt unfere Furcht , und dehnt auf der andern Seite den Muth, und, wer fie in ihrem Gebiete kennt, wird nicht leugnen können, dafs felbft der Verftand auf eine vortheilhafte Art gefchärft wird.

Erfte

Erste Abtheilung.

Vom

Fechten auf den Stofs.

———————

Erſtes Kapitel.

Von der Beſchaffenheit, Eintheilung und Behandlung des Rapiers.

§. 7.

Das Rapier vertritt im Fechten die Stelle eines Degens; es hat
daher die nämliche Zuſammenfetzung, und iſt hauptſächlich nur in
Rückſicht der Schärfe unterſchieden. Die Haupt - Beſtandtheile deſſelben ſind die Klinge, und das Gefäſs.

§. 8.

I. Die Klinge Tab. I. Fig. 1. bildet ihrer eckigten Geſtalt nach
zwei Flächen und zwei Rückſeiten. Leztere werden mit dem
Namen ganze Schneide oder Schärfe, und zwar zum Unterſchied der halben Schneide, unter welcher Benennung die Ecken
der Klinge verſtanden werden, belegt. Der obere Theil der Klinge B.,
an welchem das Gefäſs befeſtiget wird, heiſst die Angel: der untere
hingegen endet ſich in einem Knopf C. Die eigentliche Klinge A.
theilt ſich von a bis b in die Stärke, und von b bis c in die
Schwä-

Schwäche. Die Stärke, auch Parirung genannt, zerfällt von a bis d in die ganze, und von d bis b in die halbe Stärke: so wie man auch von b bis e die halbe, und von e bis c die ganze Schwäche unterscheidet. Einige zerlegen die Klinge nur in 3 Theile, wo alsdenn der obere die Stärke, der mittlere die halbe Stärke, und der untere die Schwäche ausmacht.

§. 9.

Der Grund der Klingen-Eintheilung rührt aus einem Vergleich des angefasten Degens mit dem Hebel; indem man hierbei auf einen gewissen Punkt, welcher der Daumen, oder entgegengesezte Finger ist, eine gerade und steife Linie legt, so, dass sich an dieser auf einer Seite eine Last, auf der andern eine Kraft befindet. Die körperliche Linie des Degens macht durch ihre Schwere, in so fern sie hinter dem Ruhepunkt liegt, eine Last aus, welche bei Anwendung des Degens durch Widerstehen der feindlichen Klinge, und selbst der Luft vermehrt wird. Die Kraft, welche der Gebrauch des Degens erfordert, liegt in uns, und wirket stärker gegen des Feindes Klinge, wenn sie durch unsere Stärke an seiner Schwäche erfolget. Denn nach mechanischen Grundsätzen ist die Kraft wirksamer, je entfernter der Punkt des Hebels, wo die Kraft angewendet wird, von dem Ruhepunkte ist: je näher aber der Punkt der Kraft dem Ruhepunkte, und je entfernter von dem Ruhepunkte der Punkt der Last ist, desto wirksamer erzeigt sich die Kraft.

Anm. Ueberhaupt verschaft dieser Vergleich in der Fechtkunst einen reichen Gebrauch, und beantwortet bey manchem Verfahren das Warum, über welches wir oft vergebens hinbrüten würden.

§. 10.

§. 10.

Wegen Länge der Klinge läſt ſich keine genaue Beſtimmung angeben, obgleich dieſe Eigenſchaft vieles zum Vortheil oder
Schaden beyträgt. Denn je länger der Degen, deſto gröſser
ſeine Bewegungen; folglich wird dadurch die Geſchwindigkeit ge-
hemmt. Ein kurzer Degen aber erlaubt dem Feinde mir näher zu
kommen, ohne ſelbſt ihm näher zu ſeyn, und zwingt mich Kraft
zu verſchwenden, ohne die Gefahr löſen zu können. Man hat deshalb ungefähr fünf Spannen als das gewöhnliche Längenmaaſs angenommen, wovon eine Spanne für die Angel und vier zu der Klinge
ſelbſt gerechnet ſind.

§. 11.

Um eine Klinge nach ihrem Werthe zu beurtheilen, ſehe
man bei Betrachtung des Aeuſsern vorzüglich auf eine wohl-
gebildete Taille: auch ob die Angel gehörig ſtark, und
der Knopf nicht angeniedet, ſondern aus dem Ganzen geformt
ſey: ferner muſs der Abſatz der Klinge Fig. 1. Lit. a. aus ſcharfen und nicht zu ſchmalen Einſchnitten beſtehen, damit ſie
deſto feſter in dem Gefäſse ſitzt: endlich darf ſie auf ihren Flächen
keine Springe oder ſonſtige Mängel zeigen, ſondern muſs rein po-
lirt und ſchadlos ſein. — Bey Unterſuchung ihrer innern
Güte hingegen muſs die Klinge eine volle Federkraft beſitzen,
d. h. ſich geſchmeidig biegen laſſen, im Biegen einen guten Bogen
bis an das Ende der halben Stärke führen, und nach demſelben unbeſchadet in die gehabte Richtung einſpringen: nebſt dieſem muſs
ſie auch überall gleich gehärtet ſeyn, welches ſich aus dem ei-
nerley Klang bei dem Schlag an verſchiedne Orte der Klinge erkennen läſst.

B   Anm.

Anm. Was insbesondere die **Degen-Klingen** betrifft, so gilt in Rückficht der Güte des Stahls diefelbe Probe; allein ihre äufsere Befchaffenheit weicht von der eines Rapiers ab. Die gemeinften **Stofsklingen**
find zweyfchneidig, haben aber fechs ungleiche Seiten, welche an fran-
zöfifchen Produkten hohlgefchliffen, fonft aber geradlinig find. Die
Schilfklingen find dreykantig, leicht und fteif; jede Fläche ift
hohlgefchliffen : ihrer Schädlichkeit wegen find fie an einigen Orten
verboten.

§. 12.

II. Das **Gefäfs**, Tab. 1. Fig. 2. Lit. A., welches feiner Länge
nach ungefähr den vierten Theil der Klinge beträgt, zergliedert fich

1) in den **Knopf**, oder Kopf a, der allzeit mehr lang- als dick-
rund feyn follte: er ift der Länge nach durchbohrt, und hat oben
eine Eyerförmige, unten aber abgefchliffene Spitze;

2) in den **Griff** b, welcher den vornehmften Theil des Ge-
fäfses ausmacht, und daher oft ftatt deffen genennt wird. Er um-
fafst über zwey Drittel der Angel, ift aus Weichbuchen-Holz ge-
fchnitten, und gleichfalls durchbohrt: er mufs völlig für die Hand
paffen, und aus diefer Urfache von ziemlich gleicher, jedoch nicht
übermäfsiger Dicke feyn: zu beyden Seiten neigt er fich gemäch-
lich an Flächen. Vortheilhaft wäre es, um den Degen fefter zu halten, wenn der Griff nicht fchlechthin rund, fondern dabei etwas
viereckigt geformt würde: ein fcharfes von Draht geflochtenes Ge-
winde könnte zwar gleichen Vortheil erfetzen, allein da diefes
doch nur unter ausdrücklicher Beftellung der Fall ift, und die Flech-
ten an einem Rapier übrigens aus blofen Bindfaden beftehen, fo
mufs man es forgfältig vor Schmuz hüten, öfters mit tröckner Krei-
de bereiben, und nie ohne Handfchuh zum Fechten ergreifen.

3) Folgt

3) Folgt das Stichblatt c mit denen daran befeftigten P a r i r -
ftangen. Die Scheibe dient die Hand zu decken, und muſs in
Erwägung ihrer Gröſse diefem Zwecke entſprechen. Ob ſie platt,
oder hohlgebogen iſt, macht keinen wirkſamen Unterſchied. Die
Politur pflegt man wegen Blendung der Augen zu beſeitigen. Die
Parirſtangen, welche ſeitwärts einen kleinen Zoll über das Stichblatt hervorſtehen, müſſen wohl an demſelben angeſchweiſst, und
nicht zu ſchwach ſeyn. Ihre Entfernung von demſelben beträgt eines guten Daumen Breite; die Beſtimmung liegt im Namen, und
der Gebrauch überzeugt uns von ihrem vielfachen Nutzen,

§. 13.

Die Löcher durch das Stichblatt und die Parirſtangen werden
die L a g e r d e r K l i n g e genennt, und müſſen ſo beſchaffen ſeyn,
daſs durch erſteres die Klinge, unbeſchadet ihres Abſatzes, durch das
zweite die Angel eingezogen werden kann. Darauf, wenn die Klinge völlig eingeſtoſsen iſt, verniedet man die durchlaufende Angel
hinter dem Kopf d., und ſchlieſset ſomit die einzeln Stücke zu einem Ganzen. Nach der Zuſammenſetzung bekömmt der Theil, wo
der Abſatz der Klinge auf den Parirſtangen ruhet, und insbeſondere die B r u ſt genennt wird, einen eigenen Namen: das K r e u z,
Der B a l l Fig 2. Lit. e an der Spitze des Rapiers, *) wo der Knopf
mit Leder überbunden iſt, hat einen verſchiedenen Nutzen: denn
1) fällt der Stoſs nicht zu hart auf unſere Bruſt; 2) glitſchet der
Ball bei Streifſtöſen an ſolchen Widerſtänden, an denen ſich die
nakte Spitze leichtlich verhangen konnte, vorbei; und 3) ſchützt
er vor Gefahr im Fall von ungeübten Fechtern in das Geſicht geſtoſen zu werden. Eben ſo iſt erinnerlich, daſs die Gewohnheit, ein
Stück weiches Leder in Form und Gröſse des Stichblatts, vor die
Parirſtangen zu ſchieben, nicht blos der Bequemlichkeit fröhne,
um dadurch der Hand ein Polſter gegen den Druck der Parirſtangen

zu bereiten, und das Halten des Degens ſich zu erleichtern, ſondern die Hinweglaſſung deſſen kann auch beim Fechten Nachtheil
verſchulden. Der Biegel aber, ob er gleich zur Deckung der
Hand beiträgt, iſt an Rapieren nicht nur ſelten, ſondern auch entbehrlich. Endlich muſs das Rapier überhaupt leicht ſeyn, und das
Gewicht der Klinge mit dem Gefäſse ſo in Verhältniſs ſtehen, daſs
lezteres etwas überwiegt.

*) Die Eigenſchaft einer Spitze pflegt man theils der Kürze wegen beizubehal-
ten, theils um durch Anführung des Knopfes am Gefäſse nicht misver-
ſtanden zu werden.

Anm. Von den Degen-ſcheiden will ich nur bemerken, daſs dieſelben inwendig mit Flauell, oder beſſer mit Barchent gefüttert, und mit Leder von unbeſtimmter Farbe überzogen werden: zuweilen klebt man
auch an die Oeffnung der Scheide Tuch oder Sammet. Der Beſchlag
beſteht 1) aus dem Mundſtück; 2) aus dem Haken, ſtatt deſſen h.
z. t. ein Mittelſtück Mode geworden iſt, welches auf der Rückſeite Oe-
ſen beſizt, wodurch Ringe gezogen werden; 3) aus dem Ohrband
an dem Ende der Scheide, in deſſen Spitze überdies noch ein kleiner
Knopf eingelödet iſt,

§. 14.

So willkührlich es auch ſcheinen möchte, auf was Art und
Weiſe ich den Degen halte, ſo kömmt doch viel bei dem Fechten
darauf an, daſs ich eine ſolche Methode wähle, bei welcher ſich der
Degen nicht nur nicht leicht in der Hand drehen läſt, ſondern daſs er
auch darin feſt und behaglich liegt, daſs hauptſächlich alle Bewegungen der Fauſt *) frei und einer vortheilhaften Kraft-Anwendung
gemäſs erfolgen und erhalten werden können, auch der Gegner ſich
dabei nicht begünſtiget ſieht. Einige führen ihn daher ohne Unterſchied in der geſchloſſenen Hand: andere hingegen ergreifen ihn ſo,
daſs der Griff zwiſchen den Mittel- und Zeigefinger mit unterge-
ſchlagenen Daumen durch die Hand lauft. Am beſten und bequemſten

ften fafst man den Degen fo, Tab. I. Fig. 7. dafs der Daumen mit
dem obern Gliede auf das Kreuz nach der Richtung der Klinge, der
Zeigefinger aber auf der entgegengefezten Seite längft den Parirftangen zu liegen kömmt, doch ohne damit am Stichblatt felbft hart an-
zulehnen: die übrigen drei Finger müffen den Griff feft in fich
fchliefsen, und zwar, dafs der Knopf feitwärts aufser der Fauft fieht,
damit er bei dem Einbiegen der Fauft fich nicht in das Gelenke
ftemmen kann. Den Zeigefinger hüte man fich zwifchen dem Stichblatt und den Parirftangen durchzuftecken, weil man ihn während-
den Fechtens bei Legaten und Battuten des Feindes leicht brechen
könnte. **) Uebrigens gewöhne man fich, diefer Art, den Degen
zu halten, unter dem Fechten unverändert getreu zu bleiben, immer einen gleichfeften Schlufs der Finger damit zu verbinden, und
ihn nie fpielend in der Hand herumzuwenden.

*) Unter Fauft verfteht man in der Fechtkunft die mit dem Degen be-
waffnete Hand.

**) Um deswillen ift vorzüglich das angefchobene Leder nöthig.

Anm. Sollte die Klinge durch das Stofen etwas verbogen feyn, fo bringe
man felbe nicht durch Niederftampfen, und Hin- und Herbeugen, fondern mit Durchziehen unter dem daraufgeftellten Fufse in ihre gerade
Richtung zurück.

Zwei-

Zweites Kapitel.

Von den Bewegungen beim Fechten im allgemeinen.

***

§. 15.

Die Veränderung eines Körpers aus einer Lage in die andere, heißt eine Bewegung oder Motion, und kann im Fechten mit dem Leib, den Füßen, Händen oder der Klinge geschehen. Man betrachtet bei einer Bewegung 1) den Raum, durch welchen sich der Körper überhaupt beweget, und 2) die Zeit, in der er sich durch den Raum beweget: und bemißt hieraus die Geschwindigkeit.

§. 16.

Das gleichzeitige Bewegen mehrerer Glieder unseres Körpers, um gleichsam gemeinschaftlich das Unternehmen auszuführen, heißt: sich in Union setzen. Die mehrern Bewegungen dürfen also nur eine ausmachen. Die wechselseitige Verkettung der Bewegungen

gungen zu oder gegen einander wird eine Manier, Lektion, Gang oder Tour genannt. Hierbei muss, gleichviel wie die Bewegungen in, mit oder auf einander spielen, eine genaue und zur Ausführung abgemeffene Taktmäfsigkeit, verbunden mit einem ungezwungenen edlen Anftande, herrfchen. Nebft diefen wird noch Behändigkeit ohne Zaudern, eine ungefäumte Kürze in der Bewegung felbft, und ein wachfames Auge erfordert, um alle Zwifchenhandlungen des Feindes in der Geburt wahrzunehmen. Denn die geringfte Bewegung, wenn fie in einer folchen Entfernung gefchieht, in welcher einer den andern mit der Spitze des Degens erreichen kann, giebt ein Tempo, d. h. Gelegenheit zu treffen, oder andere Vortheile zu gewinnen. Ein Gegentempo ift daher diejenige Bewegung des Feindes, die ich ihm durch die meinige zu feiner Vertheidigung abnöthige, oder die er während meiner Bewegung abfichtlich unternimmt. Erfolgt diefes in einem und eben demfelben Moment des Tempos, oder doch während demfelben, fo bedient man fich nach der Kunftfprache im erftern Fall der Redensart: dafs es a tempo, bei dem andern, dafs es ins tempo gefchehe. Jene Bewegungen hingegen, die aufser einer folchen Entfernung verfpüret werden, find blofe Veränderungen meiner Auffichten, und nicht zu allen Unternehmungen hinreichend.

§. 17.

In dem Augenblick einer Bewegung kann einfeitig nicht noch eine andere von anderer Wirkung gemacht werden, weil die Kraft fchon mit der Richtung der erften Bewegung befchäftigt ift. Diefes bürgt daher für die Sicherheit, ein Tempo, wenn es für uns günftig ift, mit wirkfamer Entfchloffenheit zu verfolgen. Eine günftige Bewegung aber ift jene, welche unter folchen Umftänden fich ereignet, dafs ich während derfelben den Feind verletzen, oder meine Stellung dazu einrichten kann.

Nach

Nach der leztern Art find die Bewegungen des Feindes geeigenſchaftet, welche er aus der weiten Menſur durch die Füſse mit oder ohne Klinge giebt: auf das Bewegen der Klinge allein darf man nichts
wagen. Bleibt der Feind unbewegt liegen, ſo hüte man ſich, ihn
durch Fortſetzen der Füſse zu begünſtigen. In einer engern Menſur hingegen kann ich auf jede noch ſo geringe Bewegung ſtoſen,
nur muſs dieſelbe nicht in Zurückweichen des Feindes beſtehen.

§. 18.

Die Eigenſchaft, ein Tempo ſogleich wahrzunehmen, ſeine
Beſchaffenheit zu beurtheilen, einen paſsenden Entſchluſs dagegen
zu faſsen, und zu vollführen, macht die Entſchloſſenheit,
oder Reſolution eines Fechters aus, der ſich nie anders
als auf Sieg ſtellen will. Sein ganzes Verfahren iſt das Werk des
Augenblicks der Bewegung. Hingegen iſt derjenige, der ein Tempo verſäumet oder verſieht, nicht gerade verlohren, ſondern er muſs
jezt mit ſeiner Gegenreſolution dem Feinde nur vorſichtiger
begegnen.

§. 19.

Um den Muth und die Entſchloſſenheit zu Unternehmungen
möglichſt anzufeuern, und vorzubereiten, ſo ſuche man des Feindes Verhalten bei dem leidenden ſowohl als thätigen Angriffe zu
erforſchen, weil darnach Angriff und Vertheidigung eingerichtet
werden muſs. Man wende daher 1) nie das Geſicht von dem
Gegner, ſondern faſse jede ſeiner geringſten Veränderungen ſcharf
ins Auge: denn nur zu oft läſs ſich aus der Richtung der Augen,
Wendung der Fauſt u. ſ. w. die gährende Abſicht enträthſeln. Jedoch traue man den Augen des Feindes nicht zu ſehr, denn es iſt
keine ſichere Folge, daſs er da angreift, wohin er blickt. Man un-
terſuche 2) durch das Gefühl, ob der Feind mit geſpannten, oder
schlaf-

fchlaffen Sehnen liegt. Diefe beiden Sinne fagen mir alfo Stellung,
Lage und Kraft des Feindes, und ich kann den Angriff darnach ord-
nen. Allein um diefen Angriff auch zu fichern, fo mufs ich 3) den
Verftand gebrauchen, ihn durch blinde Angriffe fo verfchiedentlich
angehen, und genau fein Betragen merken, bis ich daraus auf fein
Genie und die Art zu fechten einen Schlufs machen kann. Diefer
gründet fich auf den Glauben, dafs man fich unter einerlei
Umftänden gleichmäfsig verhalte.

§. 20.

Die Anwendung der Kräfte mufs mit der Wirkung und Gefchwindigkeit, welche wir der Bewegung beilegen wollen, in Verhältnifs ftehen, und mit der Bewegung unter einer gewiffen An-
muth verbunden, aber durch diefelbe nicht fichtbar feyn. Alle erfte Bewegungen müffen befonders ohne Gewalt, fanft und behutfam erzeugt werden, theils um fie dem Feinde leichter zu verbergen,
theils um ihre erfte Wirkung bei aufftofenden Hinderniffen fahren
laffen und ändern zu können. Gefchieht die Bewegung in ein gegebenes Tempo, fo darf fie nicht weitläufiger als felbiges feyn, indem fonft feine Wirkung zu fpät wäre; es fey denn, dafs ein ge-
wiffes Gegenverhältnifs dabei zum Grund läge, wodurch das gege-
bene Tempo demohngeachtet im Renfiren gehindert würde.

C   Drit-

Drittes Kapitel.

Von den Bewegungen der Fauſt und des Armes.

§. 21.

Unter den Bewegungen überhaupt gebührt denen der Fauſt, ob ſchon ſie im zweiten Grade der Geſchwindigkeit ſtehen, der erſte Rang, weil ihre genaue Kenntniſs und Bildung das nothwendigſte Kunſterforderniſs beim Fechten ausmacht. Sie beſtehen in Wenden und Drehen, und ſind verſchieden, je nachdem dieſes Drehen mehr oder weniger, rechts oder links geſchieht. Der natürlichen Beſchaffenheit nach kann ſich die Hand nur einmal im Zirkel drehen, von der Rechten zur Linken, oder umgekehrt. In dieſem Zirkel hat man ihr vier Standpunkte angewieſen, worin ſie allzeit eine eigne Lage bildet. Der Grund ihrer Beſtimmtheit iſt, um die Bewegung ſelbſt nach den Umſtänden, und der nöthigen und vortheilhaften Wirkung zu wählen. Denn das Bewegen der Fauſt iſt nur alsdenn in der Wirkung vortheilhaft, wenn wir ſie vorher dergeſtalt drehen und ſtellen, daſs

ihre

ihre Sehnen und Kraft der zu bewegenden Laſt gerade entgegen ge-
ſezt ſind. So verhalten ſich nun

§. 22.

Drei von dieſen Lagen auf den Zirkelbogen rechter Seits,
wenn nemlich die Fauſt denſelben von der Linken nach der Rechten von unten hinauf ſo lang geführt hat, bis ſie

1) ſo verdreht iſt, daſs der Daumen unten, die Nägel der geſchloſſenen Finger rechts, und der kleine Finger oben; die Knöbel
links, und die Parirſtangen beinah ſenkrecht ſtehen, ſo wird dieſes
die erſte, oder Prim-Wendung genennt, und zeigt ſich demnach mit verhengter Fauſt. Tab. I. Fig. 3. Man nehme dieſe Lage
als den Auslaufepunkt des Zirkels an, und drehe

2) die Fauſt 90 Grade zurück, damit die Knöbel oberhalb, Daumen und Nägel unterhalb zu ſehen: die Schärfen und Parirſtangen
aber nach beiden Seiten laufen. Hier befindet ſich die Fauſt in der
zweiten oder Sekund-Wendung. Fig. 4. Sezt man das Zurückgehen ungefähr in eben dem obigen Maaſse fort, ſo erhält dieſelbe in der dritten oder Terz-Wendung eine bequeme und
natürliche Stellung: halbe Schneide ſteht mit halber Schneide der
Klinge in ſenkrechter Richtung, und die Parirſtangen laufen von
links oben nach rechts unten mit der Perpentikularlinie wechſel-
winklicht. Der Schluſs der Finger liegt unter der Fauſt, und der
Rücken der Hand oben. Fig. 5.

§. 23.

Die vierte Lage oder Quart-Wendung der Fauſt bildet ſich auf dem linken Zirkelbogen, wenn die Bewegung von der
rechten gegen die linke Seite hinauf ſteigt, und iſt vorhanden, wenn

der

der Schluſs der Finger oberhalb, und die Rückſeite der Hand unterhalb zugewendet ſind; die Parirſtangen aber von der Linken nach der Rechten ſchräh ſich herabziehen. Fig. 6. Mit dieſer Wendung ſchlieſst ſich der Bogen der Fauſt. Es läſst ſich hieraus nun leicht einſehen und erkennen, worin die Mittellage halb Terz und halb Quart beſtehet. Fig. 7. Der Degen hat darin ſeine rechte Stellung; die Fauſt iſt rechts durch den Rücken der Hand, und links von den Nägeln umſeitet, und oberhalb zeigt ſich der Spalt des Daumens und Zeigefingers. Dieſe Lage hat man zum Ruheſtand der Fauſt angenommen, und zwar, weil ſie nach der dritten Wendung am natürlichſten iſt: folglich die Sehnen keiner groſsen Anſtrengung unterliegen, und die Fauſt immer auf halben Wege ihres Umkreiſes ſteht.

§. 24.

Bei Drehung der Fauſt muſs nur das vordere Gelenke in ſeiner Wurzel ſpielen, die Wendung in einem engen Raum geſchehen, und die Sehnen der Hand brauchen nicht während dem Drehen, ſondern erſt nach demſelben angeſtrengt zu werden, um die Wendung in ihrer Lage zu erhalten. Der Arm darf nicht eher an der Bewegung Theil nehmen, bis durch ihn eine Richtung der Fauſt beſtimmt werden ſoll. Seine Bewegungen beſtehen

1) im Strecken. Dieſes geſchieht entweder ſo, daſs Arm und Klinge mit der Schulter in gerader Linie laufen, oder daſs der Arm zwar geſtreckt, aber mit der Klinge einen Winkel bildet. Durch einen ſteifen Arm wird der Nachdruck — durch einen geſtreckten die Geſchwindigkeit befördert;

2) im Emporheben. Dieſe Bewegung wird alsdann verſtanden, wenn man ſagt: mit gehobener oder hoher Fauſt, Hoch liegen heiſst, wenn die Fauſt wenigſtens mit unſern Augen gleich hoch ſtehet.

3) Durch

3) Durch das Sinken des Arms entstehet nach Verhältnifs eine gefenkte, gefezte, niedere und tiefe Fauft. Tief heifst die Lage der Fauft in einem niedern Luftraum als dem der Schulter.

4) Kann der Arm angezogen oder gebogen; mehr nach in- oder auswendig gerichtet fein. Den Arm anziehen heifst, die Fauft näher nach unferm Körper bringen. Unter der inwendigen Seite verfteht man diejenige nach unferer müfsigen Hand zu, und der Begriff von auswendig ergiebt fich aus dem Gegenfatz.

Uebrigens mufs fich der Arm in jede Lage, wenn diefelbe gleich etwas gezwungen fcheint, ohne fteifen Zwang auf eine natürliche, flüchtige und fefte Art fchicken.

Vier-

Viertes Kapitel.

Von den Bewegungen der Füfse und des Oberleibes,

---

§. 25.

Mit der Fertigkeit, Arm und Fauft nach Belieben zu lenken und zu richten, muſs noch eine flüchtige Bewegung der Füfse vergefellfchaftet werden. Denn durch ihre Mitftimmung wird meiftens erſt die Richtung der Klinge wirkfam gemacht. Die Bewegungen der Füfse find, ftatt daſs jene des Oberleibes die gefchwindeften find, die langfamften, weil das Aufheben und Niederfetzen derfelben zwei Tempos erfordert. Ihre Erörterung fezt die Kenntniſs der Stellung und Menfur voraus.

§. 26.

I. Von der Stellung,

Die Stellung oder Pofitur verhält fich anders bei dem Ausziehen des Degens und anders bei dem Fechten felbſt. Lez-

tere

tere wird von der erftern noch durch den befondern Namen: L**a**ger unterfchieden. Diejenige bei Ziehung des Degens gefchieht, indem man fich dem Gegner mit zugewandem Geficht, und Bruft in erhabener Richtung gegenüberftellt, Tab. II. Fig. 1. und zwar dabei fo mit den Füfsen ausfchreitet, dafs des hintern Fufses Spitze etwas rückwärts fieht, theils wegen Zierlichkeit, gröfstentheils um fefter zu ftehen: der vordere Fufs aber ungefähr ein und einen halben, oder zwei Schuh weit *) vor den hintern auffizt, und mit deffen Abfaz in gerader Linie läuft. Dabei mufs der Körper unvermerkt auf beiden Füfsen ruhen, und eben fo unvermerkt die Bruft etwas hervorliegen. In diefer Stellung fchlage ich die linke Hand an den Ober- oder Mundtheil der Degenfcheide, und faffe diefelbe fo, dafs fie, ohne die Hand unten zu fchliefsen, **) blos durch den Gegendruck des Daumens von ihrer inwendigen, wider den Ballen des Zeigefingers an ihrer auswendigen Seite gehörig feft gehalten wird. Mit der rechten Hand fährt man alsdann nach dem Gefäfs, pakt daffelbe nach der (§. 22) befchriebenen Art in der Prim-Wendung, zieht den Degen hoch, drehet während dem Emporheben die Fauft in die zweite Wendung, richtet die Degenfpitze nach dem Feinde, und verfällt endlich in die Lage halb Terz und halb Quart.

*) Es läfst fich diefes wegen Gröfse der Perfonen nicht genau beftimmen, und mufs daher nur fo gefchehen, dafs man bequem, ungezwungen und feft ftehet, und dabei noch ausfallen kann. Die befte Regel, die man deswegen im allgemeinen geben kann, ift: dafs man mit den Füfsen völlig ausfchreitet, und von den Ausfchritt die Hälfte als Maas der rechten Weite annimmt.

**) Denn wie leicht fetzen uns gefpaltene Scheiden nicht in Gefahr, die gefchloffene Hand im Herausziehen des Degens zu verletzen!

§. 27.

24

§. 27.

Bei diefem Verfallen wird nicht allein die Lage der Fauft verändert, fondern die ganze Stellung mufs gegen eine andere, die
zum Fechten eingerichtet ift, gewechfelt werden. Tab. II. Fig. 2.
Die Füfse behaupten ihren Stand, nur werden die Knie jedes nach
feiner Seite, und das hintere mehr, als das vordere gebogen, und
die Schwere des Körpers auf den hintern Fufs gelegt, damit der vordere um fo freier und gefchwinder gehoben, und verfetzet werden
kann. Die Hälfte des vorgeftellten Fufses ziehe man, jedoch ohne
einen andern Theil dagegen rücklings hervorzuftrecken, ein; den
Oberleib legt man auf derfelben Seite vor; die entgegenftehende
Schulter wendet man fo viel als möglich von dem Feinde hinweg,
damit er nur einen fchmalen Körper anfichtig wird, und den Kopf
hält man gerade, und nach dem Gegner gewendet. Uebrigens
mufs der ganze Körper in einem Gleichgewichte fchweben. Den
bewaffneten Arm ftreckt man in letzt benannter Fauftwendung
(§. 26.) ungezwungen und natürlich von fich nach dem Feinde,
dafs er und die Klinge mit dem vordern Fufse einerlei Luftfäule
hält. Die Fauft liegt in der Höhe zwifchen der Schulter und Bruft,
mit etwas nach dem Gefichte des Feindes erhöhter Degenfpitze.
Die unbewaffnete Hand halte man mit der inwendigen Seite gegen
das Geficht gewendet, und dem linken Theil deffelben ohne Zwang
gleich, auf dafs fie jedoch mit dem gerade herabhangenden Ellbogen von dem Leibe eine Spanne breit abfteht. *) Diefe Stellung ift das gewöhnliche Fechtlager, alle übrigen Aenderungen, die man aus befondern Abfichten unternimmt, gründen fich darin, und nach allen Unternehmungen kehre ich in daffelbe zurück.

*) Andere heben den linken Arm in einen halben Zirkelbogen fo in die
Höhe, dafs der Ellbogen aufserhalb der linken Seite abfteht, und die
Hand fich in der Höhe des linken Auges zum Bogen einneiget, und
zwar

zwar mit nach der Erde gewendetem Daumen und dem Feinde zuste-
hender inwendigen Fläche.

§. 28.

II. Von der Menfur.

Das Verhältnifs des Raumes zwifchen meiner und des Feindes
Stellung, oder deutlicher zu reden, die Entfernung zwifchen beiden
fechtenden Perfonen von ihren Standort zu einander, heifst: Menfur überhaupt, und ift in Rückficht der Nähe und Weite verfchieden.

§. 29.

1) Die eigentliche Menfur, Menfur insbefondere, oder
das rechte Maas zum Manne, ift fo eingerichtet, dafs jeder Theil
den andern nach einem mäfsigen Zutritt, mit der Spitze des Degens erreichen kann. Demnach wird fie alfo bemeffen und erkannt,
dafs, wenn Beide fich mit der Klinge aus - und an einander gelegt
haben, halbe Schwäche an halbe Schwäche zu liegen kömmt : oder
wenn die niedergefenkten Spitzen der an einander gelegten Degen
einige Finger breit über das Stichblatt ragen. In diefer Lage haben
Beide gleiche Räume zu durchlaufen, es fey denn, dafs fonft ein
Unterfchied der Perfonen und Degen in Rückficht der Gröfse und
Länge ftatt fände. In diefem Falle mufs man alsdann die Menfur
beurtheilen a) aus dem Augenfchein; b) aus der Länge der Degen,
der Arme und Gröfse der Perfon; c) aus der Weite des Vorfchiebens
beim Ausfall, und endlich d) aus dem Verhalten des Feindes, ob
er nemlich bei dem Angriff Fufs hält, oder fich zurückziehet. In
diefer Menfur laffen fich alle Bewegungen des Feindes mit glückli-
chem Erfolge erwidern, und ein felbftgegebenes Tempo leicht
fchützen.

D

§. 30.

§. 30.

Diefes Lezte gewährt mir, jedoch nur unter gefpannterer Auf-
merkfamkeit auch 2) die enge Menfur d. h. wenn die Stärke
der Klinge an des Feindes Schwäche gebracht worden, und ein
Ueberbiegen des Leibes, oder Ausftrecken des Armes, oder ein geringer Zutritt uns den andern fchon erreichbar macht. Sobald beide Theile noch näher zurücken, fo entfteht die überfchrittene
Menfur. Diefe Lage ift für beide gefährlich, und follte deswegen
nur unter untrüglichen Ausfichten einfeitig bezogen werden. Denn
ob fich gleich ein kräftiger Stofs anbringen läfst, fo ift man doch,
wenn der Feind fich gefchickt zu vertheidigen weis, ohne Rettung
verlohren, weil mir der allzunahe Stand bei einem gefchwinden
Nachftofs die Bewegung der Klinge zur Gegenwehr erfchwert, und
einen fchnellen und hinreichenden Rückzug verfagt.

§. 31.

3) Die weite Menfur, aus welcher ohne Veränderung ihrer felbft keine unmittelbare Verletzung anzubringen und zu befürchten ift, fafst einen folchen Zwifchenraum, dafs die Spitzen der
Degen beim Aus- und Anlegen eine Spanne an und von einander
liegen. Ein Tempo, welches der Feind hier ungenähert giebt, laffe man, ohne felbft anrücken zu wollen, unbenutzet, denn man
würde fich fonft unnöthiger Gefahr ausfetzen. (§. 17.) Oefters
pflegt fich der Feind aus diefer Menfur in die gewöhnliche
zu fchleichen, d. h. er begiebt fich in die rechte Menfur, fucht
aber den andern unter dem Scheine der weiten fortzutäufchen. Er
ftehet alfo näher, als es fcheint, und diefes wird die falfche oder
betrügliche Menfur genennt. Sie gefchieht, indem ich mit
dem hintern Fufse etwas vor den vordern fchreite, den Oberleib
aber dabei noch zurückhalte, fo, dafs dadurch das Vorrücken der
Füfse

Füſse nicht anſichtlich wird. Von da aus kann ich alsdann auf die rechte Menſur und auf einen treffenden Ausſtoſs rechnen, ohne viel befürchten zu müſſen.

§. 32.

III. Von Veränderung der Menſur. *)

Die Menſur im eigentlichen Verſtande (§. 29.) kann verändert werden, entweder indem ich mich dem Feinde nähere, oder weiter von ihm entferne. Das erſtere, welches unter Einrücken oder Gehen in die Menſur, unter Menſur nehmen, unter Avanziren, Marſch verſtanden wird, hat verſchiedene Abſichten, und zwar a) entweder weil ich dem Feind zu entfernt ſtehe, oder b) weil er ſich bei meinem Angriff zurückzieht, oder c) um dem Feinde die fernere Vertheidigung zu hindern, (§. 30.) oder endlich d) ihn zu entwaffnen. Aus dieſer Verſchiedenheit der Abſichten läſt ſich auf die Nothwendigkeit der verſchiedenen Arten des Vorrückens ſchlieſsen.

*) Wenn der Menſur unbeſtimmt erwähnt wird, ſo verſtehet man allzeit die rechte (§. 29.) darunter.

§. 33.

Man nähert ſich dem Feinde

1) durch bloſses Vorbeigen des Oberleibes, ohne den Fuſs dabei zu bewegen. Meiſtens findet dieſes aus der engen Menſur (§. 30.) ſtatt, und erfolgt am geſchwindeſten. (§. 25.) Allein da es in der rechten Menſur nicht hinlangt, um den Feind zu erreichen, und die enge Menſur für immer nicht anzurathen iſt, ſo verbindet man damit

2) den

28

2) den Ausfall. Dadurch kömmt man schnell und sicher auf des Feindes Körper, und befördert überdies die Kraft im Stosen. Er geschieht folgendermafsen: man hebt den vordern Fufs auf den Zehen so gering als möglich von der Erde, und sezt ihn, doch ohne zu schleifen, herzhaft in gerader Linie auf den Feind so weit zu, als es sich bequem thun läfst; *) der hintere resp. linke Fufs bleibt, um das Gleichgewicht zu erhalten, unverrückt und platt stehen, und nur das Knie desselben wird steif geschnellt: zugleich mufs der Unterleib wohl eingezogen, und die rechte Brust noch mehr (§. 27.) vorwärts geschoben werden, so, dafs die Nase mit dem Knie und der Schuhspitze in ziemlich senkrechter Richtung steht, Tab. II. Fig. 3. Der Ausfall ist die Grundsäule eines guten Stofses, der mithin ganz nach dessen Eigenschaften geschwind, oder langsam erfolgt. Das Haupterfordernifs ist, dafs der Ausfall mit einem Schwunge geschieht, wodurch der Oberleib mit Geschwindigkeit und Force gegen den Feind bewegt wird. Der Vortheil dieses Schwunges liegt darin, dafs ich dem hintern Fufse die rechte Schnellkraft gebe, und so die Kraft der Geschwindigkeit anmesse. Einige suchen durch das Hinter - sich - Ausstrecken des ledigen Armes den Ausfall zu beschleunigen, allein der Nachtheil, der durch die Entfernung der müfsigen Hand aus ihrer Lage entstehen kann, überwiegt den geringen Beitrag von Force, und man benehme ihr daher die (§. 27.) angewiesene Stelle des blofen Ausfalls wegen nicht.

*) Es beträgt ungefähr einen Schuh weiter, als man in den gewöhnlichen Fechtlager gestanden hat. Dieses wird der ganze Ausfall genennt, und der halbe kann darnach leicht berechnet werden. Es liegt hier ebenfalls eine Unbestimmtheit wegen der Gröfse der Personen zum Grunde, und mufs daher, wie oben, nach Bequemlichkeit bemessen werden. Hauptsächlich sehe man darauf, dafs man sich nach dem Ausfall flüchtig und leicht in sein Lager zurück werfen kann. Denn wenn ich meinen Schritt überdehne, und zu weit ausfalle, so kömmt nothwendig die Schwere des vorgelegten Körpers einzig auf den vordern Fufs zu liegen. Da-

Dadurch erfchwere ich mir denn das zurückkogen deffolken, verliere das Gleichgewicht, oder falls auf glatten Boden gar zur Erde. Diefer unfchickliche Ausfall wird unter dem Ausdruck; fich verfallen, verftanden.

§. 34.

Aus der weiten Menfur gefchieht das Anrücken und zwar 3) ohne das Lager zu verändern.

a) wenn man den hintern Füfs gebogen nicht zu nahe an den vordern fezt, und fo den vordern wieder fortbringt: oder

b) wenn man den hintern Fufs nicht mit einemmal annimmt, fondern nach und nach ihn mit dem Abfatz und den Zehen wechfelweife den vordern nähert, um defto unvermerkter in die Menfur zu kommen.

c) Geht man mit beiden Füfsen auf den Feind los, indem man ohne zu fchleifen ein geringes Fort- und Nachfetzen der Füfse wechfelt.

d) Das Springen nähert um einen Schritt, und geht fehr gefchwind. Man fteifet mit einemmal die gebogenen Knie, hebt dadurch den Körper, und ftöfst ihn mit dem hintern Fufs vor, fo, dafs beide Füfse zugleich von der Erde find, und zum Lager wieder auffitzen.

§. 35.

Bei andern Arten hingegen wird 4) das Lager geändert, und dem Körper meiftens eine gerade und erhabene Stellung gegeben. Hierher gehört das fogenannte Fufsannehmen. Es gefchieht

a) gemei-

a) gemeiniglich, wenn ich den hintern Fuſs an den vordern, Abſatz an Abſatz, anziehe oder anſtelle. *) Ein geringer Abſtoſs des hintern Fuſses, und ein gleichzeitiges Steifen des vordern hebt den Körper in eine aufrechte Stellung, und zugleich in eine ſolche Menſur, aus der man den ausgefallenen Feind augenblicklich treffen kann, widrigenfalls aber muſs ich den vordern Fuſs in gerader Linie ſo weit fortſetzen, als es meine Abſicht: auszufallen oder mich ins Lager zu ſetzen, erfordert;

b) wenn ich den hintern Fuſs vor den vordern, mit dem Abſatz gegen die inwendige Seite des Abſatzes anſtelle, und ſo dem entferntern oder laufenden Feind mit längern Ausfällen erreiche. Es heiſst dieſes insbeſondere das Attiriren. Sollte auch dieſes nicht zum treffen hinreichend ſeyn, ſo kann man

c) den hintern Fuſs vor den vordern ſetzen, auf daſs des erſtern Abſatz an des leztern Ballen zu ſtehen kömmt, wodurch ein merklicher Unterſchied im Verfolgen veranlaſst wird.

*) An Fig. 2. Tab. III. iſt eine ſolche Stellung der Füſse zu ſehen.

§. 36.

Die lezte Art vorzurücken iſt

5) das Paſſiren. Dabei entſteht eine Hauptveränderung des Lagers, aber es nähert am ſtärkſten. Es muſs daher mit vieler Behutſamkeit und nicht von Anfängern gemacht werden. Man theilt es in die halbe, dreiviertel und ganze Paſſade.

a) Die erſtere geſchieht, wenn ich mit dem hintern Fuſs hervorſchreite, und ihn ſo weit vorſetze, als er vorher zurückſtand. Tab. IV. Fig. 2. Dadurch legt man in einem Schritt die Weite von

zwei-

zweien zurück. Der Körper wird gedreht, und die Schulter der bewaffneten Fauft kömmt weiter nach hinten. Durch

b) die **dreiviertels Paffade** wird der Körper wieder nach feiner alten Seite verwendet, indem ich mit dem gegenwärtig hintern Fufs abermal einen Vortritt, und gleichfam einen Ausfall thue. Diefe Näherung beträgt drei Schritte;

c) die **ganze Paffade** endlich nähert noch einen Schritt, und bringt mich ganz gegen den Feind. Sie befteht blos aus dem wiederholten Vorfchreiten des hintern Fufses, wie bei einem gewöhnlichen Fortgehen.

§. 37.

Bei dem **Zurückweichen** oder Retiriren (§. 32.) mufs vorzüglich Gefchwindigkeit und Sicherheit in Betracht gezogen, und das Lager fo viel möglich beibehalten werden. Hauptfächlich mufs man fich hüten, das Gleichgewicht zu verlieren. Die Urfache eines vorzunehmenden Rückgehens ift a) entweder um die Menfur wieder herzuftellen, wenn mir der Feind zu nahe kömmt, und die Vertheidigung dadurch erfchwert; oder b) wenn man durch die Retirade dem Stofse entweichen will; oder c) um den Feind zu einem unbedachtfamen Einrücken und Verfolgen zu verführen.

§. 38.

Die Arten, fich von dem Feinde zu entfernen, find:

1) Das blofse **Zurückbiegen** des Oberleibes, oder insbefondere das **Retrahiren**: es gefchieht auch, und zwar um fo beffer, wenn man den hintern Fufs zugleich etwas zurückfezt;

2) das

2) das Zurücknehmen oder Anstellen des vordern
Fuſses an den hintern, wodurch man zugleich den Unterleib
schüzt, aber die Stellung verändert. Tab. III. Fig. 2.

3) Das Menſur brechen überhaupt geschieht verschiedentlich, und gewöhnlich in der Art zurück, in der man vorge-
gangen iſt. Man wird sich also das Verfahren aus dem Obigen
leicht zu entwerfen wiſſen. Ich bemerke also nur

a) daſs das Zurückſpringen (§. 34.) eine geschwinde und
weite Retirade ausmacht, und in einem Tempo geschieht:

b) Das Zurückgehen mit beiden Füſsen hingegen zwar
leichter, aber langſamer iſt, weil das folgende Zurücksetzen der
Füſse zwei Tempos erfordert. Wenn man den hintern Fuſs zuerſt
abſezt, und den vordern nachfolgen läſst, so wird das Lager nicht
so sehr verändert, als wenn man den vordern Fuſs hinter den zu-
rückſtehenden ungefähr zwei Hände breit, ohne ihn zu berühren,
bringt. Man bediene sich dieser Gattung nur alsdann, wenn man
entweder den Fuſs sogleich wieder hervorsetzen, oder aber auf wei-
teres Eindringen des Feindes den andern auch zurücksetzen will,
um alsdann das Lager wieder zu erhalten.

§. 39.

Die fernern Bewegungen der Füſse haben die Abſicht, den Körper aus der geraden Linie des Feindes nach einer von beiden Seiten
zu versetzen, um dadurch entweder dem auf uns gerichteten Stoſse
zu entgehen, oder dem Feinde deſto beſſer von der Seite mit einem
Stoſse beizukommen. Sie sind folgende:

1) Das

1) Das Voltiren heifst nichts anders, als feinen Körper von
der geraden Linie des Feindes hinweg, nach der auswendigen Seite
zu bringen. Nach Umständen geschieht dieses Beiseitigen bald mehr,
bald weniger, und man hat es daher abgetheilt a) in die Viertels-
Volte. Diese bestehet darin, dafs ich den linken hintern Fufs
hinter den rechten hin nach auswendig zufetze, den vordern aber
unverrückt stehen lasse, wodurch dann der Leib einige Schmälerung
erhält; Tab. IV. F. 1. b) in die halbe Volte. Hier schlage ich
den Fufs nur weiter seitwärts zurück, und drehe mich zugleich
auf den vordern Fufs, so dafs die Füfse ungefähr eine Elle
weit von einander stehen, und die Schuhspitze des vordern
Fufses in Linie des Abfatzes des zurückgestellten lauft. Tab. V.
Fig. 2. ,Wenn man sich endlich noch mehr herumdrehet, so
dafs uns der Feind auf den Rücken sehen kann, so bildet man
c) die ganze Volte. Nach jeder von diesen kann man den
vordern Fufs zum Ausfall gegen den Feind heben und stofsen,
oder aber, wenn der Feind eine Gegenvolte macht, und dadurch
mich wieder in die gerade Linie bringt, nur vorsetzen, so,
dafs ich in das Lager zu stehen komme. Dieses Verfahren wird
2) das Traversiren genannt. Aus seiner Wiederholung von beiden Theilen entsteht 3) das Zirkuliren oder Herumgehen in der
Runde.

4) Das Giriren überhaupt ist ein allgemeiner Ausdruck von
Verfetzung der Füfse, wodurch der Körper aus der Gegenwart der
feindlichen Spitze gehoben wird. Insbesondere aber verstehet man
darunter, wenn man mit dem vordern Fufs gegen die auswendige
Seite verfällt, und so den Stofs linker Hand an sich vorbeiführen
kann. Allein da dieses Verfahren durch die Volte besser geschieht,
so lasse man das Giriren für eine ähnliche Art derselben gelten, und
es mit einem solchen Mechanism verbinden, dessen Wirkung an-
wendbarer erscheint. Diesem nach nenne ich Giriren, wenn man

E   bei

bei dem Ausſtoſen des Feindes den hintern Fuſs ſeitwärts nach
linker Hand zu ſezt, und den Stoſs auf der auswendigen Seite vor-
beiſchieſen läſst.

§. 40.

Endlich iſt noch das B a t t i r e n d e r F ü ſ e e erinnerlich. Es
beſteht in einem gewöhnlichen Auftappen des vordern Fuſses,
ohne denſelben dabei vor oder zurückzuſetzen, und dient in gewiſſen Fällen, den Feind nach Art eines Ausfalls zu täuſchen.
Man pflegt es auch den A p e l l oder C h i a m a t e zu nennen.

Fünftes Kapitel.

Von den Bewegungen und der Lage des Degens.

§. 41.

Wenn die fechtenden Perfonen fich ausgeleget, d. h. ihre Degen gegen einander gerichtet haben, fo kann unfere Klinge entweder oben, unten oder zur aus - oder inwendigen Seite (§. 24.) zu liegen kommen, jedoch ohne die feindliche Klinge dabei nothwendig berühren zu müffen. Ferner kann fie in Betracht des Armes und der Fauft mit hoher oder tiefer Spitze, oder geradaus, (§. 24.) winklich oder fteif liegen.

§. 42.

Die Wirkung mit der Klinge ereignet fich entweder auf der Stelle, d. h. aus der Lage, in welcher fie fich befindet, oder nachdem fie zuvor abgegangen ift, wenn fie fich nemlich von einer nach der andern Seite bewegt hat. Diefes Ab - oder Losgehen

ge-

geschieht entweder unter, oder über der feindlichen Klinge hinweg, und wird unter dem Ausdruck: D u r c h g e h e n oder U e b e r h e - b e n näher bestimmt. Ein wiederholtes Durchgehen ist unter M u - t i r e n , oder m i t f l i e g e n d e r K l i n g e l i e g e n zu verstehen: und wenn es mit einem sanften Berühren an die feindliche Klinge verbunden ist, so heißt es A n - und A b g e h e n im strengen Sin- ne, und macht das G e f ü h l d e r K l i n g e aus. Man sucht damit zu erfahren, ob der Feind mit strengen oder schlaffen Sehnen sich gelagert, und wohin er seine Force gerichtet hat. (§. 21.) Hierbei geschieht das Durchgehen meistens in halb Terz und halb Quart, jedoch kann es auch unter andern Absichten in einer andern Faust- wendung geschehen. Ueberhaupt aber muß diese Bewegung ganz knapp um das Stichblatt des Feindes gemacht, und, ob sie gleich nothwendig ist, doch mehr durch das Drehen der Faust in die vor- habende Lage, als durch eine besondere und eigne Bewegung be- werkstelliget werden. Dabei muß die Spitze nach dem Feinde zu- gerichtet bleiben. (§. 16.) Das U e b e r h e b e n ist weniger gebräuch- lich, doch hat es in vielen Fällen einen nicht unbedeutenden Nutzen. Denn a) bei dem Durchgehen muß meine Schwäche zuerst des Fein- des Stärke passiren, da ich hingegen durch dieses sogleich mit der Stärke an die Schwäche komme. b) Dient das Ueberheben oft um den Feind zu betrügen, der sich nur Stöße mit dem Durchge- hen vermuthete. Demohngeachtet ist es doch nur selten rathsam, und besonders wenn man es zu Stößen gebrauchen will. Denn 1) bei u n t e r n S t ö ß e n ist es nicht nur sehr unbequem, sondern man wählt auch nicht den kürzesten Weg zu seiner Absicht. Zu- dem fällt auch der Haupt Nutze des Ueberhebens hinweg, da man bei untern Stößen die Schwäche des Feindes nicht bedarf. Sucht uns aber der Feind diese Stöße mit dem Ueberheben beizubringen, so können wir ihm mit einem Stoß ins Tempo begegnen, indem er hoch gehet. 2) Auch unter den o b e r n S t ö ß e n darf es nur mit den f e s t e n , nicht aber mit f l ü c h t i g e n verbunden werden.

weil

weil bei ihnen ebenfalls nicht allein der Hauptnutze unanwendbar ift,
fondern man noch überdies unten ftarke Blöfe geben müfste, indem
die obern flüchtigen Stöfse bei dem Feinde eine Blöfe vorausfetzen,
die er mit hoher Spitze giebt. Als Vertheidigungsmittel kann
das Ueberheben gegen obere Stöfse nach der Bruft, aber nur alsdann
gebraucht werden, wenn man dem Feind an Gefchwindigkeit überlegen ift, oder die Menfur dabei bricht, weil man nicht eher anfangen kann überzuheben, bis des Feindes Spitze in unfere Blöfe
gerichtet ift.

§. 43.

Wenn ich überhaupt leide, dafs der Feind meine Klinge mit
der feinigen berührt, oder wenn ich fie ihm fo nahe bringe, dafs
er fie fürchten und darnach fahren mufs, fo fagt man dort: dem
Feinde die Klinge laffen; hier: fie ihm geben. Beide
Begriffe ftehen mit den Ausdrücken: die Klinge nehmen, und
nach der Klinge greifen, welche Bewegungen von feindlicher Seite auf die vorigen erfolgen, in Verbindung. Wenn ich mit
meiner Klinge nach der feindlichen gehe, diefelbe berühre, oder
ihr doch fo nahe bleibe, dafs ich jede Lage derfelben weifs, und jede
Bewegung fogleich einfehe, dann findet oder befitzet man die
Klinge. Man verliert diefelbe, fobald man eine Bewegung unternimmt, während welcher mir die Lage oder die Bewegung des
Feindes Klinge unmerkbar bleibt, oder doch leicht bleiben kann.
Daher löfst fich der Begriff der Nothwendigkeit: die Klinge
zu fuchen, von felbft auf.

§. 44

Die Bewegungen der Klinge ereignen fich mit oder ohne
Gewalt und Force. Zu leztern kann man die bisher genannten
zählen: ihr Grund foll fich in der Folge löfen. Die erftern hingegen
die-

dienen entweder, um uns den Angriff zu erleichtern, oder uns gegen den Angriff zu vertheidigen. Ihre Wirkung äufsert fich in einem Druck oder Schlag, und wird beides entweder in gerader Linie, oder durch eine Bewegung im Bogen bewirkt.

Anm. Da das Fechten überhaupt blos eine Bewegung des Degens kann genennt werden, fo glaube ich durch die Erinnerung, dafs ich nur vorläufige Begriffe in diefem Kapitel beifeitigen wollte, genug gefagt zu haben.

Sech-

Sechstes Kapitel.

Von dem Angriffe überhaupt.

§. 45.

Unter Attakiren, oder den Feind angreifen, versteht man im allgemeinen die erste absichtliche Bewegung des einen gegen den andern, die Bezug auf den Zweck hat. Man bedient sich daher dieses Ausdruckes oft beim Unterricht statt des Belegens oder Anrückens oder Ausstoßes. Die Mensur, in der ich mich befinde, muß hier das nähere entscheiden. Denn der Angriff erfolgt entweder auf der Stelle, d. h. aus der rechten Mensur mit dem gewöhnlichen Ausfalle, oder anrückend, indem ich nämlich so weit von dem Feinde entfernt bin, daß er ohne Näherung meines Körpers nichts zu befürchten hat.

§. 46.

Sobald der Degen gezogen ist, so beginnt der Kampf. Es ist dieses gleichsam das Signal, durch welches die Feindseligkeiten ge-

gen

gen einander von nun an gebilligt werden. Mit diesem Augenblicke muſs daher unsere Aufmerkſamkeit geſpannt, und jede Bewegung mit Vorſicht unternommen werden. Beſſer greift man seinen Feind an, als daſs man ihn angreifen läſst, wiewohl man ſich etwas dabei in Gefahr ſezt. Doch erfordert das lezte zuweilen die Noth, je nachdem das Verhalten des Feindes iſt. Immer ſuche man ſeine Klinge nur in ſeiner Gewalt zu haben, und bediene ſich, wenn ſie der Feind verdrehen ſollte, einer ſchnellen Brechung der Menſur. Doch bleibe man der feindlichen Klinge, wenn man ſonſt nicht dadurch zu verführen gedenket, in der Nähe.

§. 47.

Es heiſst zwar: ſo bald der Degen geſchwungen, ſo iſt der Friede bedungen: allein wie gern ſucht man nicht jede Sache unter einem gewiſſen Zerimoniell einzuleiten? Bei dem Fechten beſteht daſſelbe in einem Kompliment, welches ſich beide vor dem Angriff bezeigen. Es enthält ſechs verſchiedene Tempos: 1) Sobald man ſich ausgeleget, und in das gewöhnliche Fechtlager begeben hat, ſo muſs man in einem Tempo mit dem vordern Fuſs auftappen, dadurch den Körper zugleich heben, und ihn mehr nach linker Hand wenden: der bewaffnete Arm behält ſeine Lage, die müſsige Hand aber greift nach dem Huthe. 2) So wie dieſer abgenommen, hält man ihn mit ausgeſtrecktem Arme hinter ſich in der Höhe, und ſezt zu gleicher Zeit den gehobenen vordern Fuſs ohngefähr fuſsbreit hinter den andern; dabei ſtreifet man die Knie wohl, und richtet Körper und Kopf empor. Die rechte Fauſt wird mit etwas geneigter Degenſpitze in Quart gedrehet, und bis zur Höhe des Mundes geführt. 3) Alsdann wechſelt man mit den Füſsen, und bringt den linken wieder hinter den rechten, und ſezt während der Zeit, daſs man ſich ſowohl mit dem Degen als übrigen Körper ins gewöhnliche Lager begiebt, unter Auftappen des vordern Fuſses den Huth auf. Um jezt wieder ſeinen erſten Standort

zu

zu gewinnen, fo geht man 4) in die Stellung Nr. 2. mit derfelben
Lage der Fauft und Klinge zurück, und behält auch diefe Fauftwendung bei, wenn man 5) den rechten Fufs wieder auf den Ort zurückfezt, wo er, ehe das Kompliment feinen Anfang nahm, fich
befand. Hier verfällt man fodann 6) in die ordinäre Stellung zum
Fechten, und beginnt oder erwartet nun den Angriff.

§. 48.

Auf diefe Art begrüfsen fich beide Theile, jedoch nicht ganz
gleichzeitig, fondern der eine erwidert dem andern das Tempo allzeit um eines fpäter, und verfolgt ihn gleichfam damit.

A n m. Sobald fich nun beide Theile in den Kampf einlaffen, fo liegen folgende Handlungen ftufenweis zum Grunde: a) das Lager. b) Der Angriff
oder Stofs. c) Die Vertheidigung, und d) der Gegenangriff, oder Nachftofs. Ihre nähere Betrachtung foll fich hier anknüpfen, und an ihren
befondern Achfen fortdrehen.

Sieben-

Siebentes Kapitel.

Von dem Lager im allgemeinen.

§. 49.

Unter Lager verstehet man diejenige Stellung, in der ich meinen Degen nach dem Feinde ausstrecke, und ihn angreifend erwarte, oder selbst angreife. Da nicht allein die Klinge, sondern der Körper überhaupt dabei beschäftigt ist, so wird es sowohl in dieser Hinsicht, als auch zufolge der Absicht verschiedentlich abgetheilt, und zwar

I. Nach der Stellung. Hier entsteht a) je nachdem ich mich mit steifen Füssen, oder mit einem engen Ausschritte stelle, ein gerades oder enges Lager. b) Ein Lager mit zurückgelegtem Leibe, oder mit schmaler oder voller und vorgekehrter Brust, oder ein geschränktes Lager, d. h. wobei der Leib gebogen und zusammengesetzt ist.

II. Kann

II. Kann ich' 1) nach der Lage der Klinge mich entweder ober- oder unterhalb, oder zur Seite lagern, und 2) nach der Richtung derselben ein hohes oder niederes Lager; ein Lager mit geftrecktem und langem Arme; *) oder mit gebogenem und angezogenem Arme; oder ein winkliches Lager bilden. Ferner kann dabei die Fauft und Spitze des Degens wechfelsweife höher oder tiefer zu liegen kommen.

III. In Rückficht der Fauftwendungen ift das Lager beftimmt oder unbeftimmt. Unter lezterm verftehet man gewöhnlich auch das Lager in halb Terz und halb Quart.

IV. Verhält man fich im Lager ftill und ruhig, oder liegt in Bewegung. Jenes wird ein ftilles und feftes, diefes ein unftätes Lager genennt, und zwar kann man bei lezterm entweder die Klinge bewegen, (§. 42.) dann heifst es ein Lager mit fliegender Klinge; oder die Füfse, indem man nach der (§. 34. Lit. c.) befchriebenen Art fich dem Feinde bald nähert, bald entfernt.

V. Endlich ift das Lager feiner Abficht gemäfs ein feftes oder nicht feftes, nachdem ich nämlich im lezterm Fall dem Feinde Blöfe gebe, damit er ftofen kann. Das erftere wird auch eine Schanze, ein verfchanztes, oder deckendes Lager genennt.

*) Wenn dabei die Spitze der Klinge ftreng nach dem Feinde gerichtet ift, fo pflegt man es Vorhalten zu nennen.

und zwar die Spitze nach Umſtänden ein - oder auswärts gerichtet
iſt. Aus einer ſolchen Lage können alle Bewegungen der Klinge
leichter, und mit mehrerer Wirkung erfolgen: auch ſind damit andere Eigenſchaften eines guten Lagers, wiewohl nicht in vollem
Grade, verbunden.

§. 54.

Derjenige, welcher mit gebogenem Leibe und etwas
niedriger Klinge ſteht, wählt ein weit beſſeres Lager, als ein
anderer in einem geraden und hohen Lager. Denn er iſt ſeiner Glieder mehr mächtiger, ſeine Bewegungen ſind kleiner, folglich geſchwinder; und da ſein Lager ihn ſtärker deckt, als leztern,
ſo kann er ſich auch eher ſchützen.

§. 55.

Dieſe und andere unbeſtimmte Lager ſind allzeit durch eine ge-
wiſſe Fauſtwendung näher beſtimmt, und mit derſelben, je nachdem ſie deren eigene Wirkung mehr oder weniger unterſtützen, verbunden. So muſs bei einem guten Primlager der Körper gebogen, und der Unterleib wohl eingezogen ſeyn: der Arm geſtreckt
in möglichſt gerader Linie der Klinge liegen, und ein engerer Schritt
der Füſse, als in dem gewöhnlichen Fechtlager geöffnet werden. Auf
dieſe Art kann der Feind weder die untern Blöſen leicht benutzen,
noch über meine Klinge kommen. Dieſes Lager iſt oberhalb am
ſchwächſten, und auſserhalb am ſtärkſten; man laſſe daher den Feind
weder über noch inwendig unſerer Klinge, damit er nicht den Vortheil über uns erlangen kann. Das winklichte Primlager
iſt ſeiner Unſicherheit wegen nicht rathſam; denn man bringt dabei
die Klinge zu weit zurück, und giebt wegen der Höhe derſelben
die ganze Bruſt frei, weswegen dann die untern Blöſen weniger gegen Tempo - Stöſe ohne beſondere Hülfe der linken Hand oder Veränderung der Menſur zu vertheidigen ſind.

§ 56.

§. 56.

Das Sekundlager hat ftarke Aehnlichkeit mit dem vorigen, doch ift es ungezwungener und für den Arm länger zum Ausdauern. Der Leib mufs eben wohl zufammengefezt, fo wie der Stand der Füfse nicht zu weit feyn. Den Arm und die Spitze des Degens fuche man gerade zu halten, und dabei des Feindes Klinge immer inwendig zu haben, weil diefes Lager auswendig am fchwächften, dort aber am ftärkften ift. Doch fichert es auf beiden Seiten, und dekt die untern Blöfen vollkommen. Das winklichte Sekundlager mit einem weiten Schritte ift daher auch weniger vorzuziehen. Denn der einzige Vortheil dabei ift, dafs die Klinge in - und auswendig Stärke befizt, wiewohl bei einer inwendigen Vertheidigung die Fauft in eine andere Wendung mufs gebracht werden. Hingegen ftehet der Schenkel wegen des ausgefperrten Schrittes in Gefahr, getroffen zu werden, welches jedoch demjenigen, der feine Klinge immer frei zu erhalten weifs, fchwerlich begegnen kann, ohne dafs er den andern, wenn er nach unten ftofen will, fchon eben treffe.

Anm. Was den Unterfchied zwifchen einem hohen, mittlern und niedrigen Sekundlager betrifft, fo befteht diefer blos in der mehr oder weniger erhöheten Lage der Fauft.

§. 57.

Das Terzlager gefchieht, wenn man den Arm weder zu fehr anzieht, noch ganz gezwungen vorftreckt, und ihn fo hält, dafs er mit dem vorgeftellten Fufse in fenkrechter und gerader Richtung mit etwas winklichter und gehobener Spitze des Degens liegt. Der Oberleib und die rechte Schulter müffen vorgelegt, und die Füfse nicht zu weit verfchritten feyn. Auf diefe Art deckt man fich auswendig vollkommen, und zeigt inwendig wenig Blöfe. Diefes Lager ift unter allen das bequemfte, und keiner Fauftwendung an

Ge-

Gefchwindigkeit im Verfallen hinderlich: auf der andern Seite aber
auch das fchwächfte, indem es weder aus - noch inwendig Stärke
befizt. Es ift daher fehr vortheilhaft, wenn man feine Klinge be-
ftändig in feiner Gewalt hat, die des Feindes immer zu finden
weifs, und die meiften Bewegungen mit der Spitze, und nur wenig mit dem Arme zu machen braucht. In einem winklichten
Terzlager, wo die Spitze zu hoch, und die Fauft zu tief gehalten wird, treffen wir obige Eigenfchaften weniger an. Denn die
Blöfe ift zu ftark, und will man fie fchützen, fo müffen zu grofse
Bewegungen gemacht werden, die am Ende nichts mehr, als zu
fpäte Vertheidigung feyn würden, ohngeachtet der Gefahr, fich leicht
mit der Klinge verfallen zu können. Diefem ift das untere Terzlager noch eher vorzuziehen, wodurch man fich doch vor dem
winklicht geftreckten Lager fichert. Es zeigt fich mit zurückgelegtem Oberleib, ohne jedoch den Stand der Fülse zu ändern, mit
fchräh nach unten gefenkter Spitze des Degens, weswegen der andere die Klinge nicht fo leicht finden kann. Auch wird durch diefes Lager der Feind oft betrogen, indem er nicht vermuthet, dafs
man ihn durch blofses Vorbeigen des Leibes treffen könnte. Die
Urfache davon liegt in der niedergefenkten Lage und zurückgebogen-
nem Leibe, wodurch die Macht, weit zu reichen, unanfichtlich wird.

§. 58.

Das ficherfte Lager, und welches am vollkommenften deckt, ift,
wenn man Arm und Klinge in Quart ausftreckt. Der Feind wird
dadurch weit abgehalten, und kann ohne Gefahr meine Klinge nicht
fuchen, noch weniger aber auf einer von beiden Seiten treffen. Denn
auswendig fizt die volle Stärke, die feine Abficht vereitelt, und inwendig kann man fich leicht mit dem Gefäfs und der Stärke des Degens fchützen, da ohnehin die Bewegungen der Fauft nach beiden
Seiten ohngehindert erfolgen. Bei einem winklichten oder ge-
fchrenkten Quartlager öffne ich zwar auswendig wegen dem

Win-

Winkel eine ftarke Blöfe, allein weil da der Sitz der Stärke ift, fo
fehlt es mir bei dem Angriff an hinlänglicher Vertheidigung nicht:
und inwendig fichert die fchnelle Wendung der Fauft. Zuweilen
fezt man fich auch in ein winklichtes Quartlager, wobei man die
Bruft völlig vorkehrt, und die Spitze tief nach der Erde fenket.
Auch diefe Art ift wegen den Urfachen, die im vorigen §. bei dem
untern Terzlager find angegeben worden, nicht ganz zu verwerfen,
Das der Achfel gleich geftrekte Quartlager kann vortheilhaft gegen das Sekundlager gelegt werden.

§. 59.

So verfchieden die Vortheile eines beftimmten Lagers find, fo
ift es doch nicht immer rathfam, fich — wenigftens nicht zuerft in
ein feftes Lager zu begeben. Denn wenn fie auch noch fo überlegt
gebildet werden, fo laffen fie doch Mängel wahrnehmen, die ein
gefchickter Gegenfechter fogleich einfehen, und auf eine Art benutzen wird, die mein ficheres Lager gefährlich macht. Bei einem un-
beftimmten Lager hingegen fieht fich der Feind in Verlegenheit ge-
fezt, indem er daraus nicht lefen kann, was er zu meiner Verletzung,
oder feiner Vertheidigung thun foll. Nichts defto weniger darf uns
die Kenntnifs der Lager mangeln, weil jedes Lager, es mag beftimmt oder unbeftimmt heifsen, feine eigenen Maasregeln in Bildung eines Gegenlagers erfordert, um den Vortheil über den Feind
zu behaupten.

Anm. Andere Vortheile, die ich jezt, ohne weitläufig zu werden nicht
entfchleiern könnte, wird die Folge aufdecken.

G

Zwei-

Zweiter Abfchnitt.

Von den Blöfen.

§. 60.

Sobald der Feind in feinem feften Lager die Spitze feines Degens von mir wegwendet, fo entfteht eine Blöfe, mit welchem Namen überhaupt jeder unbefchüzte Theil an des Gegners Leibe belegt wird. Insbefondere aber verfteht man darunter diejenige Lage des feindlichen Körpers und der Klinge, in der man durch einen gewiffen Stofs deffen Bruft (§. 50. Nr. 1.) ficher verletzen kann.

§. 61.

Die Blöfen insbefondere können entweder zu flüchtigen oder feften Stöfsen befchaffen feyn, je nachdem der Zugang des Stofses mehr oder weniger geöffnet ift. Wenn daher der Feind die Spitze feines Degens ohne unfer ferneres Zuthun fo weit von uns abwendet, dafs der Stofs ohne allen Aufenthalt und Widerftand frei in die Blöfe einlaufen kann, fo giebt er freiwillige Blöfe zu

flüch-

flüchtigen Stöfsen. Entfernt er aber die Spitze feines Degens nur einigermafsen von uns, fo, dafs eine geringe Blöfe anfichtig wird, die ich im Stofsen noch erweitern mufs, wenn er getroffen werden foll, fo ift die Blöfe zwar freiwillig, aber zu feften Stöfsen. Wenn mir hingegen der Feind den Degen feft entgegenfezt, fo mufs ich durch gewaltfame Mittel Blöfe zu eröffnen fuchen. Die Wirkung diefer Mittel befteht darin, dafs dadurch entweder die Spitze der feindlichen Klinge blos weggewendet, oder aber die ganze Klinge entfernt wird. Im erften Fall erhalte ich erzwungene Blöfe zu feften, im andern zu flüchtigen Stöfsen.

§. 62.

Die Blöfen werden nach der Lage des Feindes, in Rückficht des Armes und der Klinge entweder von aufsen oder innen, unter oder über den Arm, von unten oder obenher anfichtlich, und heifsen Haupt-Blöfen. Jeder Stofs, wenn er fitzen foll, erfordert eine von diefen, und mufs völlig nach derfelben naturalifirt feyn. Deswegen können auch in eine Hauptblöfe mehrere an fich verfchiedene Stöfe gethan werden, weil fie fich zwar im wefentlichen, jedoch nicht immer im Zufälligen gleichet. Diefe befondern Arten werden reine Blöfen genennt, und noch nebenher mit dem Namen des für fie geeigenfchafteten Stofes belegt.

§. 63.

Von den obern Blöfen.

Obere Blöfen entftehen durch ein niederes Lager des Feindes, und zwar

I. über den Arm oder auswendig

A. zu flüchtigen Stöfsen, wenn fich der Feind fo in ein Lager fezt, dafs er mit niederer nach inwendig zu gehender Fauft,

G 2   und

und etwas erhöhter eben dahin gerichteter Spitze liegt, ich alfo über
feinen Arm hinweg nach feiner Bruft fehen und bequem ftofsen
kann. Diefer Blöfe ift eine flüchtige Quart oder, falls die Spitze mehr gehoben feyn follte, Sekund angemeffen.

B. Zu feften Stöfsen, und zwar 1) zu Terz giebt der
Feind Blöfe, wenn er mit Fauft und Spitze tief liegt, fo jedoch,
dafs die Fauft mit der Spitze des Degens gleich, oder noch eine
Hand breit höher oder tiefer ftekt, die Spitze felbft aber nach unferm Körper zulauft. Tab. III. Fig. 3. Wenn er aber 2) mit geftrecktem Arme und merklich höherer Spitze als Fauft fich gelagert hat,
und erftere fo nach unferm Körper gerichtet ift, dafs, wenn wir
ficher ausftofsen wollen, man diefelbe noch mehr nach der Aufsen-
feite und oberwärts führen mufs, fo ift es Blöfe zu Quart.

II. Inwendige Blöfe.

A. Zu flüchtigen 1) Sekund ftöfsen ift vorhanden, wenn
der Feind mit geftrecktem Arme, gefenkter Fauft und erhöhter Spitze mehr nach feiner auswendigen Seite zu liegt, und ich nicht zu
befürchten habe, er werde mir vorhalten. Ift aber 2) feine Spitze
minder erhöhet, und fo gerichtet, dafs fie an meiner innern Seite
bei dem Ausftofs vorbei lauft, oder fie ift nur in einem fehr niedrigen Luftraum gegen mich gewendet, fo kann Quart in die Blöfe
geftofsen werden.

B. Wenn der Feind mit geftrecktem Arme etwas auswärts,
und mit der Fauft nicht fo hoch als die Schulter liegt; die Degenfpitze aber ein wenig erhebt, und nach unferm Körper richtet, dafs
wir alfo nicht ganz unbedrohet nach feiner Bruft ftofsen können,
fo läfst fich die Spitze feines Degens durch den Winkel der feften
Quart inwendig noch mehr aus- und oberwärts zu bringen.

§. 64.

§. 64.

Von den untern Blöſen.

Dieſe ereignen ſich in einem hohen Lager des Feindes

A. zu flüchtigen Stöſsen, wenn er ſich mit ſtark gehobener dabei etwas einwärts gewendeter Fauſt lagert, und die Klinge nach unſerer Aufſenſeite winklich geht, ſo, daſs bei dem
Stofs dieſelbe füglich über unſern Kopf weglauft. Befinde ich mich
unter ſolchen Umſtänden inwendig ſeiner Klinge, ſo ſtoſse ich
Quart unter den Arm oder Koupee. Liege ich hingegen auswendig, und der Feind minder hoch, ſo iſt der Sekundſtoſs
bequemer, weil die Bewegung der Klinge alsdann von aufsen nach
innen gemacht werden muſs.

B. Der feſten Stöſse bedarf man zu der Gattung von Blöſen nicht, weil der Feind hoch liegt, und demnach die Spitze meiſtens über uns hingehet.

§. 65.

Von den vermiſchten Blöſen.

Eine vermiſchte Blöſe iſt jene, welche der Feind in einer ſolchen Lage giebt, daſs ich über der Klinge und unter dem
Arm, oder umgekehrt nach deſſen Bruſt hinſtoſsen muſs. Zu dem
erſten Fall karakteriſirt ſich die Blöſe zu Quart revers. Tab. IV.
Fig. 3. Der Feind liegt mit einer mittelmäſsig hoher Fauſt ſo,
daſs ſeine Klinge, deren Spitze geſenkt iſt, mit dem Arm einen
ſtarken Winkel nach inwendig macht. Hier ſtoſse ich die Quart
flüchtig. Wenn hingegen die Spitze des Degens mehr erhöhet,
auch der Winkel ſtumpfer, und ſonach die Klinge mehr gegen uns
genahet wird, ſo wähle man feſte Quart revers. Wenn der Feind
in Sekund liegt, und zwar mit hoher Fauſt und erniedrigter nach

ſei-

feiner inwendigen Seite zugewandter Spitze, fo kann man Terz
ftofsen, die unter der Klinge nach feiner obern Bruft geht, welches
dann die Blöfe für den obigen zweiten Fall giebt.

§. 66.

Sehe ich den Angriff voraus, oder will mich abfichtlich angreifen laffen, fo ift es vortheilhaft Blöfe zu geben. Denn man fchreibt
dem Feinde dadurch einen gewiffen Stofs vor, (§. 62.) und vermag
fich alfo leichter dagegen zu vertheidigen. Nichts defto weniger aber
darf man einzig auf den Schutz diefer Blöfe bedacht feyn, und
auf den vorgefchriebenen Stofs als untrüglich rechnen, fondern mufs
fich immer dabei noch auf unerwartete Fälle rüften, damit man fich
nie durch eine zugewagte Vertheidigung gegen einen blinden Angriff
in Gefahr fetze. Uebrigens mufs ich den Ort, den ich für den ge-
fährlichften halte, am meiften decken, und mich fehr hüten, zweideutige Blöfe *) zu geben, damit fie der Feind nicht verkennen,
und wider meine Abficht benutzen mufs. Ift man der angreifende
Theil, fo benutze man die Blöfe des Feindes nicht eher, als bis man
feine eigene Blöfen, die man giebt oder geben mufs, kennt, oder
erforfche diefelbe durch einen verftellten Angriff.

*) Unter zweideutiger Blöfe verfteht man diejenige Lage des Feindes, in
der man durch einen doppelten wiewohl engern Zugang nach feiner
Bruft ftofsen, oder doch den einzigen Zugang nach feiner zufälligen Befchaffenheit (§. 62.) durch einen willkührigen Stofs
benutzen kann. Sie darf alfo nicht mit vermifchten Blöfen verwech-
felt werden.

Achtes

Achtes Kapitel.

Von den Stößen.

§. 67.

Diejenige Bewegung unferes Körpers, durch welche wir den führenden Degen eine folche Kraft beimeffen, dafs feine Spitze auf den entgegengefezten Körper wirkt, wird Stofs genannt. Er befteht alfo im Fechten in einer eingebildeten Verletzung, und wird unter dem Ausdruck: der Stofs fizt, oder logirt als vollbracht angekündigt. Zum Ziel der eigentlichen und gewöhnlichen Richtung der Stöfse hat man die erhabene Bruft an der Schulterfeite des bewaffneten Armes angenommen, weil diefelbe nicht nur dem Angriff, fondern auch der Vertheidigung am nächften liegt.

Anm. Diefes beftimmten Zieles wegen werden jene Stöfse, die nach andern Theilen des Körpers, als: nach dem Gefichte, den Schenkeln u. f. w. gehen, und meiftens nur Nebenabfichten zum Grunde haben, Baftardftöfse genennt.

§. 68.

§. 68.

Der namentliche Unterfchied der Stöfse rührt hauptfächlich aus der Verfchiedenheit der Fauftwendungen her, ohne
welche kein regelmäfsiger Stofs gefchehen kann. Doch pflegt man
in Prim gar nicht oder nur felten zu ftofsen, theils weil fie fich
der Wendung und Lage nach nur wenig von Sekund unterfchei-
det, theils weil man mit lezterer daffelbe, und zwar mit mehr Kraft,
und weniger Unbequemlichkeit verrichten kann, indem Prim mehr
Kraft zur Wendung als Wirkung erfordert. Karakteriftifcher beftimmt
fich der Unterfchied der Stöfse durch die Blöfe, für welche fie eigen
gefchaffen find. Sie werden demnach über oder unter den Arm
nach oben oder unten, nach aus- oder inwendig, und
endlich, je nachdem fie entweder mit einer blos wefentlichen oder
aber zugleich auch zufälligen Wirkung verknüpft find, flüchtig
oder feft geftofsen.

§. 69.

Die wefentliche Beftimmung eines Stofses ift die Verletzung.
Allein da man nicht immer die Klinge unmittelbar auf den Feind
bewegen kann, (§. 61.) wenigftens nicht ohne Gefahr, felbft in deffen Spitze zu laufen, fo mufs der Stofs öfters fo eingerichtet und die
Kraft fo vertheilt werden, dafs fie auch gegen die Klinge des
Feindes wirkt, und diefelbe beifeitigt. Diefes macht die
zufällige Beftimmung des Stofses aus. Flüchtige Stöfse
find daher jene, welche in die weite Blöfe des Feindes ohne Widerftand können geftofsen werden. Ihre Wirkung ift wefentlich, gehet
einzig und allein auf die Verletzung, und kann mit weniger Force
gefchehen. Sie werden daher auch einfache und natürliche
Stöfse genennt, und erfolgen der Regel nach ohne Winkel, weil
man fonft leicht damit fehlftofsen kann. Fefte (reine, künftliche)
Stöfse hingegen erfordern, da fie doppelte Wirkungen verbinden,

auch

auch mehr Kraft, (§. 20.) und geschehn in der Regel mit einem Winkel, vermöge deſſen es uns leichter fällt, die feindliche Klinge aus der geraden Linie auf die Seite zu führen, und die Blöſe zu erweitern. Um unſere Kraft zu ſparen, die des Feindes aber in dem gleichzeitigen Widerſtehen zu ſchwächen, ſo verfahre man bei feſten Stöſsen mit der Stärke an des Feindes Schwäche.

§. 70.

Stöſse nach den obern Blöſen.

A. Auswendige Stöſse oder, welches einerlei iſt, über den Arm.

1) Sekund wird meiſtens flüchtig geſtoſen, und iſt folgender Art geeigenſchaftet: man hebt die Fauſt hoch, und ſtöſt mit verhangener Spitze, doch ohne Winkel weder zur rechten noch linken Seite, nach des Feindes Bruſt über den Arm. Durch die gehobene Fauſt muſs der Kopf wohl gedeckt, und der Arm in eine ſolche Lage gebracht werden, daſs ich unter deſſen Bogen ohne Neigung meines Kopfes den Stoſs nachſehen kann.

2) Bei Quart über den Arm, wenn man ſie feſt ſtöſst, wird die Fauſt rein in die vierte Wendung gedreht, und wie bei Sekund gehoben, damit ich des Feindes Schwäche behalte, und unter den Arm hin den Lauf der Spitze, die ich ungefähr Hand breit tiefer als die Fauſt richte, mit den Augen verfolgen kann. Sie wird als Ausnahme von der Regel in gerader Linie geſtoſen, weil dadurch die Spitze des Feindes, mit welcher er nach inwendig liegt, und ſchon einen Winkel bildet, ſich beſſer durch eine gerade Linie nach auſsen und oberwärts führen läſst. Quart iſt der vornehmſte, aber ſchwerſte Stoſs, und erfordert, wenn er untadelhaft geſtoſen werden ſoll, lange Uebung; gewährt aber alsdenn die ſicherſte Bedeckung.

H   und

und trägt felten unfere Erwartung. Flüchtig kann diefer Stofs
ohne Unterfchied bleiben : follte jedoch der Feind fich gern mit
krummen Arm vertheidigen, fo verbinde man damit einen Winkel nach der auswendigen Seite, wodurch feine Vertheidigung kraft-
los wird. Eben fo merke man, im Fall der Feind anfänglich zu
Quart oder Sekund flüchtige Blöfe über den Arm zeigt, im Ausfallen aber mit der Schwäche an unferer Stärke gelinde widerftehet,
die Stöfse nur etwas feft zu ftofsen.

3) Will man obere Terz ftofsen, fo faffe man des Feindes
Schwäche mit der Stärke über der Klinge mit tiefer nach auswendig gerichteter Fauft, fo, dafs die Klinge mit nach dem Feind erhabener Spitze in einem Winkel lauft, und fuche diefe Lage im
Ausfall genau zu behalten. Die Urfache der tiefen Fauft ift hauptfächlich, um die Klinge mehr feitwärts nach auswendig zu rücken,
wohin es, da die Blöfe auswendig liegt, gefchehen mufs, und auch
nach der Lage des Feindes beffer nieder - und feitwärts, als hoch
und dahin gefchehen kann. Zudem verhindere ich durch die nie-
drige Fauft, dafs der Feind nicht fo gefchwind unter der Klinge
herfür zu gehen, und vorzuhalten vermag. Lezteres ift auch der
Beweggrund, warum man die müfsige Hand herunter in die Gegend der ftofsenden Fauft bringt, damit man im Fall der Noth die
hervorkommende Klinge des Feindes zurückweifen kann. Tab. III.
Fig. 4 und Tab. V. Fig. 1. Terz ift ein fefter und kraftvoller
Stofs. Er dient zu folchen auswendigen Blöfen, welche aus der
Tiefe her benutzet werden müffen, fo wie Quart und Sekund alsdann zu gebrauchen find, wenn man der Blöfe feitwärts von obenher beikommen mufs. Da fich mit Terz die feindliche Schwäche
vorzüglich gut ergreifen und behandlen läfst, fo kann auch in die
Sekundblöfe über den Arm Terz geftofsen werden.

B. Inwendige Stöfse.

1) Se-

1) **Sekund inwendig** ift blos in Rückficht der Blöfe von der über den Arm unterfchieden, und wird eben fo und zwar meiſtens flüchtig geſtoſsen. Tab. III. Fig. 1. Nur in dem Fall bediene ich mich eines Winkels nach der inwendigen Seite, wenn ſich der Feind mit hoher Spitze und tiefer Fauſt dagegen wehrt. Eben fo gleichet

2) **Quart inwendig** in den wefentlichen Stücken jener nach auswendig. Tab. IV. Fig. 1. Sie wird mit ſtark gehobener Fauſt in einem Winkel vollbracht, vermöge deſſen ich die äuſserſte Schwäche der feindlichen Klinge mit der Stärke packen, und die Spitze an meiner inwendigen Seite vorbei leiten kann. Weil es ohne Neigung des Kopfes, oder Hinweglaſſung des Winkels nicht anders geſchehen kann, fo ſehe man über den Arm durch den Winkel nach dem Feinde. Bei flüchtigen inwendigen Quartſtöſsen, wo der Winkel weggelaſſen wird, iſt es nöthig, und bei feſten der Art nützlich und ſicher, wenn man, da die feindliche Klinge nach der inwendigen Seite zu geworfen wird, die müſsige Hand bei dem Stoſsen dagegen ſezt, oder, falls der Feind etwas tiefer als nach der erwähnten Blöfe des Stoſses liegen ſollte, dagegen hängt.

§. 71.

Stöſse in die untern Blöſen.

1) **Sekund unter den Arm** findet keine wefentliche Abweichung ihres Gefchlechtes, als in Betracht der Blöfe. Ihre Bewegung zum Stoſs nimmt ſie von auſsen der feindlichen Klinge nach feiner innern Bruſt unter der Schulter hin, und damit die Spitze recht enge um die Schulter herum ins Ziel trifft, fo kann man die Fauſt ſtärker nach Prim drehen.

2) **Quart-Koupee** hingegen wird von der innern Seite der feindlichen Klinge bis in die Mitte unter den Arm geführt, und

H 2 nach

nach der Bruſt, wie eine flüchtige Quart überhaupt, ohne Winkel geſtoſsen. Die Fauſt hebe man bis dicht unter des Feindes Klinge, und richte die Spitze etwas tiefer, damit eine gewölbte Lage ent-ſteht: die linke Hand bringe man über den Kopf, und ſetze das in-wendige derſelben der Schwäche des Feindes von unten entgegen, damit er uns die Spitze nicht in das Geſicht kann herabſinken laſſen. Dieſer Stoſs iſt ſeiner Natur nach blos flüchtig.

§. 72.

Stöſſe in vermiſchte Blöſen.

1) Bei Quart - revers oder Flankonade Tab. IV. Fig. 4. ſetze ich die Fauſt in Quart mit der Stärke meiner Klinge inwen-dig an die feindliche Schwäche, und richte die Spitze erhöht nach deſſen Bruſt über der Klinge und unter den Arm hin, ſo, daſs die Fauſt tief mit der Klinge in einem Winkel nach meiner inwendigen Seite zu liegt. Dieſer Stoſs kann flüchtig oder feſt geſtoſsen werden; in beiden Fällen aber iſt es rathſam, die linke Hand mit der inwendigen Seite gegen die Schwäche der feindlichen Klinge aus bekannten Urſachen herab hängen zu laſſen.

Anm. Einige pflegen dieſen Stoſs mit hoher Fauſt und tiefer Spitze zu verrichten. Als flüchtig möchte dieſes noch angehen, allein bei feſten Stöſsen ſähe ſich der Feind zum Vorhalten gleichſam begünſtigt. Denn die niedere Fauſt unterſtellt hier dieſelben Urſachen, die oben bei Terz ſind angegeben worden.

2) Die untere Terz, deren Spitze unter der Klinge weg nach des Feindes Leib gerichtet iſt, wird ebenfalls mit einem Win-kel zur rechten Seite geſtoſsen, und iſt hinreichend, die ohnehin ſchon ſeitwärts und niedrig gewandte Spitze des Feindes zurück zu halten; doch kann man zu gröſserer Vorſorge die linke vorſetzen, auf daſs er nicht über unſerer Klinge wegheben kann.

§. 73.

§. 73.

Die Vollbringung der Stöfse oder das Ausstofsen geschieht gewöhnlich durch den Ausfall, und je nachdem sich Blöfe und Klinge auf einer und derselben, oder auf verschiedenen entgegengesezten Seiten befinden, auf der Stelle oder mit Abgehen, welches in Durchgehen oder Ueberheben bestehen kann. (§. 42.) Bei Stöfsen auf der Stelle mufs das Drehen der Fauft, das Heben oder Sinken des Armes, und die Richtung der Spitze ein Tempo feyn; bey andern Stöfsen werden diese Bewegungen mit dem Durchgehen verbunden, während welchem ich mich auch, wenn die Stöfse flüchtig find, der Geschwindigkeit wegen mit dem Oberleib etwas vorschiebe, und den Arm strecke: bei festen Stöfsen hingegen, wo die Stärke der Klinge an des Feindes Schwäche liegen mufs; (§. 69.) schiebe ich mich nur alsdann vor, wenn die Spitze des andern zu weit von mir entfernt ift, so wie ich im Gegentheil den Arm etwas anziehen müfs, wenn sie zu nahe liegt. Wenn man zum Stofs ausfällt, so müffen die nöthigen Bewegungen deffelben mit Aufhebung des Fufses ihren Anfang nehmen, und in einer solchen Zeit verrichtet werden, dafs Treffen — und Auffetzen des Fufses ein Schlag ift. Da der Ausfall erniedrigt, so richte man die Spitze allzeit einige Finger breit höher, als sie wirklich treffen soll. Ferner suche man durch möglichstes Dehnen und strecken seines Körpers nicht nur einen langen (wozu vorzüglich auch das Vorlegen der rechten Schulter beiträgt) und abgezielten Stofs zu thun, sondern auch sich dadurch den Körper auf den Füfsen zu erleichtern, und das sonst gewöhnliche durch den Ausfall bewirkte Schwanken deffelben zu verhindern.

Anm. Nur aus solchen Urfachen darf der Arm angezogen werden, keinesweges aber, um dadurch dem Stofse mehr Kraft beilegen zu wollen Denn sonst ift es nicht nur eine sehr gefährliche Bewegung, die dem Feinde, deffen Klinge ich durch das Zurückziehen sogleich verliere, die günftigste Gelegenheit zu treffen, oder mit Mufe sich zu vertheil-

theidigen, in die Hände spielt, fondern fie ift auch um deswillen unnöthig, indem der Stofs durch den Ausfall fchon die gehörige Force erhält, und, wenn er ohne Ausfall gefchicht, aus einer engen Menfur
beginnen, und mit einem fchnellen Hervorftrecken des Oberleibes (Tab.
III. Fig. 2.) verbunden feyn mufs. Das Zurückziehen des Armes aus
diefer uneigentlichen Abficht wird daher das Aushohlen mit der
Klinge, oder der falfche Ausftofs genennt.

§. 74.

Die Manier aus einem verkehrten Lager, *) d. h. wo
der Fufs, der eigentlich nach der Art zu fechten hinten ftehen follt-
te, vorn ftehet, zu ftofsen, ift ohne befondere Abficht nicht rathfam. Denn durch diefes Verfetzen der Füfse wird die fechtende
Fauft zu weit zurückgebracht, dafs man den Gegner durch blofses
Ueberbiegen des Leibes nicht erreichen kann: und wollte man gar
den hintern Fufs zu einem Ausfall vorbringen, fo wäre diefe weitläufige Bewegung, die ich im Fortgehen machte, nicht allein an
fich fchon dem Feinde günftig, fondern der allzunähernde Ausfall
erlaubte mir auch bei einem gefchwinden Gegenftofs weder bequeme Vertheidigung, noch fchnelle Retirade. Vortheilhaft könnte
mir allenfalls diefer Stand feyn, wenn ich mich abfichtlich zuerft
angreifen liefs, bei dem Angriff den vorgefezten Fufs zurückzöge,
und, da ich mich dergeftalt mit einem Schritt dem Stofs hinlänglich entzöge, fogleich mit einem Gegenftofs wieder in die vorige
Stellung einrückte.

*) Ich unterftelle hier ein feftes, ftilles Lager, (§. 49 Nr. IV.) denn an-
ders verhält es fich bei den Stofsen im Fortgehen.

§. 75.

Nach vollbrachtem Stofs, derfelbe mag fitzen oder nicht, *) mufs
ich eiligft auf einen Rückfall bedacht feyn. Habe ich daher aus der
rechten Menfur geftofsen, und will diefe nicht brechen, fondern
mich

mich darin in Vertheidigungsstand setzen, so ziehe ich möglichst
geschwind an der Klinge des Feindes, doch ohne solche zu berühren, die meinige zurück, welches Zurückziehen aber nicht mit dem
Arm, sondern durch einen Schwung mit den Zehen des ausgefallenen Fusses, wodurch ich zugleich den Ausfall zurücknehme, und
das hintere gesteifte Knie beuge, bewirkt werden muss, und bege-
be mich überhaupt, wenn der Feind mit einem Nachstosse zaudert,
in das gewöhnliche Fechtlager mit halb Terz und halb Quart, weil
dabei alle Bewegungen leichter als aus einem andern Lager zu machen sind. (§. 23.) Hat man aber in der engen Mensur angegriffen, so muss man, indem die Klinge zurückgezogen wird, auch
zugleich den Oberleib, so weit es immer geschehn kann, mit entfernen, und zu dem Ende den Fuss zurücksetzen und sich in ein
Lager werfen, bei dessen Wahl man jedoch das Quart- und obere
Sekundlager ausschliesse.

*) Denn wenn der Feind den sitzenden Stoss auch nicht läugnet, so kann
er doch oft boshaft nachstossen.

Neuntes Kapitel.

Von Abwendung der Stöße.

§. 76.

Das Defenſiv - Verhalten (§. 3.) gegen den feindlichen Angriff wird überhaupt das Pariren genannt: insbeſondere aber heiſt eine Parade diejenige Bewegung, die wir, um den feindlichen Stoſs von uns abzuwenden, an deſſen Klinge unternehmen. Der Unterſchied dabei beruhet nicht allein in der Art des Verfahrens, ſondern auch in Rückſicht der Mittel.

§. 77.

Mit der Klinge können die Stöße entweder durch einen Druck oder Schlag parirt werden; unter erſtern verſtehet man feſte, unter den zweiten flüchtige Paraden, deren Gebrauch insbeſondere ſich auf die gleichnamigten Stöße bezieht. Das Weſentlichſte bei den Paraden mit der Klinge, in ſofern dieſelbe kräftig und vortheilhaft ſich ereignen ſollen, iſt: 1) daſs die Bewegung mit der Stärke an der Schwäche des Feindes erfolgt, damit derſelbe
nicht

nicht durchftofsen, d. h. ohngeachtet der Parade treffen kann:
2) Mufs die Bewegung eine folche Richtung nehmen, wodurch wir
die Spitze am erften und gefchwindeften von uns, und zwar troz
aller Feinheit des Stofses entfernen. 3) Die Wendung der
Fauft mufs zwar der Richtung gemäfs, doch auch zugleich nach der
Lage derfelben die nächfte und kraftvollfte fein. 4) Man fuche die
Parade immer fo zu bewerkftelligen, dafs unfere Degenfpitze fo viel
als möglich gegen des Feindes Körper gerichtet bleibt, damit die
Blöfe, die man durch jede Parade geben mufs, enger und zur Be-
nutzung des Feindes gefährlicher erfcheinet.

§. 78.

Jeder Stofs kann auf eine mit andern Stöfsen gemeinfchaftliche
oder für fich eigene Art parirt werden. Daher fchreibt fich dann die
Eintheilung in Haupt- und befondere Paraden. Erftere, die
auch einfache oder fchlechthin Paraden genennt werden, find
diejenigen, wodurch man eine gewiffe Haupt-Blöfe bedecken und
fchützen kann, ohngeachtet der Feind diefelbe mit verfchiedenen
Stöfsen angreift. Die Parade ift hier dem gemeinfchaftlichen Wege,
den die verfchiedenen Stöfse, um in die einerlei Blöfe zu kommen,
nothwendig gehen müffen, entgegengefezt, und es wird demnach
der Satz: (§. 77. Nr. 2.) dafs die Parade ganz nach dem
Stofs geeigenfchaftet feyn mufs, nicht umgeworfen.

I

Erſter Abſchnitt.

Von den Hauptparaden.

Vorerinnerung. Ich verweiſe bei dieſen folgenden Paraden allzeit auf das Lager der nöthigen Haupt-Blöſe, indem ich daraus Arm und Fauſt nach der Beſchreibung der Parade ſpielen laſſe.

§. 79.

Die auswendige Blöſe wird gegen die Stöſse (§. 70. Nr. 1. 2. 3.) über den Arm vertheidigt, wenn man die Fauſt auswärts in die vierte Wendung drehet, ſo daſs Spitze, Fauſt und Schulter gleich hoch, und in der Richtung nach dem Feinde liegen, der Arm aber keinen Winkel macht. Durch dieſe Parade werden die Stöſse an meiner auswendigen Seite vorbeigeleitet, und es geſchieht um ſo leichter, wenn wir durch ein doch nicht zu frühes Pariren die Schwäche des Feindes zu erhalten ſuchen. Die Blöſe, die man dadurch ſich an dem Feinde öffnet, iſt zu Terz beſchaffen.

Anm. Um zu verhüten, daſs uns die Klinge des Feindes, welche zuweilen abgleitet, untenher verletze, ſo bringe man die müſsige Hand zum Vorſetzen herab.

§. 80.

§. 80.

Bei der Haupt-Parade der Stöſse nach der inwendigen
Blöſe führet man die feindliche Spitze an derſelben Seite vorbei,
und zwar indem man dieſe auf ihrem Schuſs nach der Blöſe in halb
Terz und halb Quart empfängt, und mit dem Gelenke nieder und link-
ſeits drückt, *) die Spitze unſerer Klinge aber gerade nach des Feindes Angeſicht wendet. Um die geöffnete Blöſe zu Quart inwendig deſto ſicherer verfolgen zu können, ſo ſetze man die linke Hand
inwendig der feindlichen Schwäche.

*) Das Niederbeugen der Fauſt muſs nach den Stöſsen bemeſſen werden.
Bei Quart mit einem Winkel zur rechten beträgt es ungefähr drei Finger
breit; bei Quart ohne Winkel ſchon etwas mehr; am meiſten bei Sekund.
oder überhaupt bei Stöſsen mit einem Winkel zur linken. Eben ſo verhält es ſich mit dem mehr oder wenigern Anziehen des Armes, der nachher nach der inwendigen Seite etwas hoch geſtreckt wird. Die Urſache
iſt, um recht unter und an die Schwäche der Klinge zu kommen, und
den Stoſs rein ausheben zu können. Nicht minder nuzt auch hier das en-
gere Zuſammenſetzen ſeines Körpers.

§. 81.

Wenn der Feind auswendig in untere Blöſen ſtöſst, ſo
verfolge man ihn, ſobald er ſich zum Stoſsen bewegt, ſtraks in halb
Terz und halb Quart genau, und beuge das Gelenke und die Fauſt
ſo um ſeine Klinge herum, daſs wir mit der Stärke auswärts gegen
ſeine Schwäche kommen; ſeine Spitze folglich inwendig liegt, die
unſrige aber ſogleich in die Höhe geht, und dem Feinde entzogen,
jedoch nach ſeinem Geſichte gerichtet wird. Hat man auf dieſe Art
die feindliche Klinge gefaſst, ſo fährt man mit ſteifen Arme *) ohne
einzuhalten nach inwendig zu, und parirt ſo wie gegen obere Stöſse
nach inwendig. Ueberhaupt geſchlechtet ſie ſich ſehr nach dieſer
Parade, nur daſs ſich hier der Körper mehr noch zuſammenſetzen
und die Fauſt erniedrigt werden muſs, je tiefer der Feind ſeinen
Stoſs ſchaffet. Quart Koupee, und revers, wie auch Sekund unter

I 2   den

den Arm find die Gegenſtände, und **Quart inwendig** der Nachſtoſs dieſer Parade.

*) Denn ohne vorheriges Anziehen des Armes wird man ſchwerlich des
Feindes Schwäche finden.

§. 82.

Wollte man die **inwendigen Stöſse der untern Blöſen**, wie in vorigen Fällen, durch das Ausheben pariren, ſo würde man ihnen dadurch ihrer Natur nach mehr zu Hülfe, als zuwi-
der kommen. Daher beiſeitigt man des Feindes Klinge ſicherer nach
auswendig zu, indem wir ihm, ſobald er ſeinen Stoſs anlegt, mit
der Klinge dergeſtalt nachgehen, und begegnen, daſs dieſelbe über
der ſeinigen hinweg auswendig in Sekund ſenkrecht herabhängt,
und mit der Stärke an das äuſerſte der Schwäche, welches unter
einem angezogenen Arme bewirkt werden muſs, zu liegen kömmt.
Alsdann bewege man ſeinen Degen ohne merkliche Veränderung
der Lage gegen den des Feindes rechtwärts etwas in die Höhe, auf
daſs wir ungefähr bis an ſeine ganze Stärke herunterſtreifen, und ſo
den Ausſtoſs in die leere Luft ſchicken. Man nennt dieſe Art zu pariren die **Parade mit verhangener Sekund**, und gebraucht
ſie gegen die obere und untere Terz. Unter Vorſetzung der müſsigen
Hand erwidert man dem Feinde **mit Sekund über den Arm.**

Zweiter Abschnitt.

Von den besondern Paraden.

---

§. 83.

Besondere Paraden sind jene, die ihren Grund entweder in der Haupt-Parade haben, oder aber einzig nach der Beschaffenheit eines gewissen Stofses, d. h. in Rückficht seiner Geschwindigkeit, feiner Richtung und feiner Wirkung eingerichtet sind.

§. 84.

Von den befondern Paraden gegen fefte Stöfse.

I. Vom Kaviren überhaupt.

Kaviren heifst diejenige Bewegung, welche entstehet, wenn ich den Feind, fobald er mit feiner Klinge von einer nach der andern Seite ab- und zugehet, zugleich mit der meinigen auf demfelben Wege verfolge. Es ist also ein blos wechfelfeitiges doch gleichzeitiges Durchgehen, welches nicht allein bewirket, dafs ich den Feind ohnverrichteter Dinge in feine vorige Lage zurückbringe, und die Abficht, die er mit dem Durchgehen verband, hindere, fondern

mir

mir auch oft, wenn fich der Feind am Ende des Durchgehens mit
Force an meine Klinge anfchliefsen wollte, Blöfe verfchaffe, die
ich auf der Stelle mit einem Stofse benutzen kann. Bei dem Kaviren gebrauche man 1) nur das vordere Gelenke, und bewege die
Spitze in einem ganz engen Zirkel um des Feindes Stichblatt herum.
2) Man verrichte diefelbe zu rechter Zeit d. h. fobald der Feind
mit der Klinge abgehet. Beide Regeln bezwecken die Gefchwindigkeit und den Nutzen, dem Feinde, ohne felbft an feine Klinge zu
rühren, nahe zu bleiben, und das Entgehen zu erfchweren. —
Wenn diefe einfache Kavation oder diefes refpektive beiderfeiti-
ge Durchgehen ohne Einhalt fortgefezt und wiederholt wird, fo
entfteht das doppelte Kaviren. — Kontrakaviren heifst
das Verfahren der einfachen Kavation in dem Moment deren Been-
digung rückwärts gemacht. Hier bin ich der durchgehende und der
Feind der verfolgende Theil.

§. 85.

Die Parade mit der Kavation, oder das Kaviren und
Pariren gefchieht alsdann, wenn ich den zum Stofs durchgehen-
den Feind fo verfolge, dafs ich mit einer feinem Stofse angemeffenen
Parade in meine vorige Lage der Klinge eintrete. Da die Kraft des
Feindes, womit er den Stofs, um ihn auf der andern Seite fitzend
zu machen, nothwendig gegen meine Klinge verfehen mufste,
(§. 69.) nach den Umftänden der Kavation in den Wind wüthet;
fo wende ich den Stofs nicht nur mit weniger Anftrengung durch
diefe Parade von mir hinweg, fondern öffne mir auch zugleich,
weil die Parade der Force des Feindes der Richtung nach in den
Rücken kömmt, eine geräumigere und nicht fogleich zu deckende
Blöfe. Bei Quart in- und auswendig findet das Kaviren überhaupt feine volle und heilfame Anwendung gegen Sekund aber ift
es fchon unbequemer, indem wir des Feindes Klinge nur unter Be-
fchreibung eines grofsen Zirkels unferer Spitze faffen können; auch

zu-

zugleich, wie bei Terz, am Ende der Kavation mit der Haupt-
Parade einfetzen müffen.*) Ueberhaupt läfst fich gegen winklichte
Stöfse nicht gut, — gegen fefte beffer als gegen flüchtige kaviren.
Quart-Koupee und revers ftehen daher nicht in der Gewalt einer
Kavation. Das Nachtheilige bei dem Kaviren ift, dafs man dabei
den Feind voranlaffen mufs: es ift demnach gegen einen fehr ge-
fchwinden Gegner nicht rathfam.

*) Damit der Feind nicht demohngeachtet durchftöfst.

§. 86.

Eine Untergattung der Kavations-Parade ift das Pariren mit
dem Durchgehen. Sein Gebrauch gegen Stöfse ift nicht aus-
gedehnter als der des Kavirens; insbefondere aber wird es nur gegen
Stöfse auf der Stelle gebraucht. Es gefchieht in dem Moment der
Parade, und gewöhnlich bei obern Stöfsen mit etwas angezogenem
Arm. Langfamen Fechtern ift es zu widerrathen. Diefe machen auch
die halbe Kavation erinnerlich, welche darin befteht, dafs man
nicht ganz von einer zur andern Seite gehet, fondern mit der Spitze unter des Feindes Klinge liegen bleibt. Man bedient fich ihrer
als Hülfsmittel alsdann, wenn man den Feind, ohne vor geendigter
ganzen Kavation getroffen zu feyn, einzuhohlen befürchtet, um in
diefem Falle den Feind zu einem vorfichtigen Stofse zu zwingen, in
andern Fällen feinem Belegen zu entgehen. Uebrigens wenn der
Feind, indem er meine Klinge finden will, mit den Füfsen ruhet,
fo habe ich auch ohne Kavation nichts zu befürchten; doch ift diefelbe, in fo fern man den Feind nicht über feine Klinge will kommen laffen, rathfam.

§. 87.

II. Vom Ablaufenlaffen der Stöfse.

Unter Ablaufenlaffen verftehet man diejenige Bewegung,
vermöge welcher ich während des feindlichen Ausftofses meiner

Klin-

Klinge eine folche Lage gebe, dafs der Feind nicht anders als an
mir vorbei ftofsen mufs. Der Gebrauch erftreckt fich vorzüglich
auf Fälle, in welchen wir der Geschwindigkeit des Feindes nicht
gewachfen oder fchon fo mit der halben Stärke gepackt fiud, dafs
wir nicht kaviren können. Bei diefer Parade bleibt der Feind feiner Klinge mächtig, und nur der Kraft feines Stofses wird die offne
Strafse gewiefen. Allein eben deswegen ift es nöthig, nicht eher
auf diefe Art zu pariren, bis der Feind h a l b in die Blöfe einge-
laufen ift. Denn hier entfcheidet fich fein Vorhaben; entweder er
mufs f o r t f t o f e n — und dann kann ich den Stofs noch frühzeitig genug ablaufen laffen, — oder wegen einer andern Abficht z u -
r ü c k k e h r e n — und dann bin ich ihm mit der Klinge, ohne andere Blöfe zu geben, noch in der Nähe.

§. 88.

Gegen auswendige fefte Stöfse und zwar

1) gegen Q u a r t gefchieht das Ablaufenlaffen folgender Geftalt: fo wie der Feind fich zum Stofs bewegt, und unfere Schwäche nieder - und feitwärts bringen will, widerftehe man ihm ein wenig, und zögere unter dem Schein einer Quart-Parade fo lange,
bis feine Kraft blos auf den Stofs wirken mufs; alsdann läfst man
zu widerftehen nach, ziehet den Arm fo in Sekund an, dafs er in
einen Winkel nach auswendig gebogen ift, Fauft und Ellenbogen
aber mit der Schulter gleich hoch liegen, und der Degen nieder-
hängt. Dabei kann man die linke Hand gegen und unter die rechte
Schulter vorfetzen. Auf diefe Art gleitet der Stofs an unferer auswendigen Seite vorbei, und läfst uns die geöffnete Blöfe zu S e -
k u n d inwendig ficher, *) und noch ehe er den Ausfall zurücknehr-
men kann, benutzen.

2) Bei Terz erfolgt diefe Parade unter kärchlichern Umftänden, weil man hier fchon in einer der Sekund nähern Fauftwendung
liegt.

liegt. Man erhebt nemlich zu rechter Zeit die Fauſt, und nähert ſie durch Hülfe eines angezogenen Armes ſtark nach der linken Schulter, mit perpendikulär herunter hangender Klinge. **) Da das Hinwegweiſen des Stoſses an der inwendigen Seite geſchieht, ſo öfne ich mir auch an dieſer Seite des Feindes Blöſe zu Sekund, und kann meinen Degen um ſo ſicherer nach derſelben bewegen, wenn ich deſſen Stelle an der Klinge des Feindes durch die linke Hand erſetze.

*) Denn falls auch die Spitze noch etwas auf uns zugerichtet bleiben ſollte, ſo ſchüzt ja die linke Hand.

**) Dieſe Art Ablaufen zu laſſen iſt, jedoch unter Verſetzung der Füſße, auf Tab. V. Fig. 2. anſichtlich.

§. 89.

Bei dem Pariren der inwendigen Stöſse ziehet man, nachdem bis zum gehörigen Tempo in halb Terz und halb Quart durch einiges Widerſtehen iſt verzögert worden, den Arm in Quart an, doch ſo, daſs es noch einen ſtumpfen Winkel macht, die Fauſt dem Geſichte, die Spitze aber niedriger und dem Ellenbogen gleich hoch ſtehen. Nach dieſer Lage ſchieſst der Stoſs an unſerer inwendigen Seite vorbei und Bruſt und Kopf ſind durch die Stärke der Klinge gedeckt. Bei dem Zurückgehen des Feindes kann man den Arm zu Quart inwendig ausſtrecken, allein wenn er mit hoher Spitze und tiefer Fauſt zurück weicht, ſo ſtöſst man beſser Sekund nach.

§. 90.

Das Ablaufenlaſsen der Quart-revers, deren gewöhnliche Hauptparade (§. 81.) etwas langſam von ſtatten gehet, iſt uns vorzüglich wegen ſeiner Geſchwindigkeit willkommen. Es geſchieht:

K.   1) Daſs

1) Daſs man den Arm ſtark in Sekund mit nach auswendiger Seite (wohin der Stoſs auch geleitet wird,) zu niederhängender Klinge anziehet, und zwar, daſs die Fauſt der Schulter gleich, der Ellenbogen aber etwas mehr rechts in der Höhe ſteht. Die müſſige Hand ſezt man unter den rechten Arm, und geht dann zum Nachſtoſs in Sekund auswendig ab.

2) Kann man die Quart-revers ablaufen laſſen, indem man, ſobald der Stoſs in das rechte Tempo eintritt, den Winkel unſeres Lagers aufhebt, und Arm und Klinge mit der Wendung Quart in grader Linie ſtark nach der auswendigen Seite zu ſtreckt. Der Hauptgrund dieſer Parade liegt in dem Auswärtsſtrecken des Arms, und in dem Zurückhalten der Klinge durch das Stichblatt.

§. 91.

Von den beſondern Paraden gegen flüchtige Stöſse.

Durch die bisher gezeigten Paraden können die flüchtigen Stöſse ihrer Beſchaffenheit nach zwar zum Theil, jedoch nicht zweckmäſsig gehindert werden. Denn wie kann man gehörig ablaufen laſſen, wie zu rechter Zeit die Kavation einſetzen, da der Stoſs meine Klinge nicht berührt, und zu dem das Kaviren ihrer Geſchwindigkeit nicht angemeſſen iſt? Hauptparaden würden zwar die nöthige Hülfe leiſten, allein wozu dieſe Kraft-Verſchwendung bei Stöſsen, die nicht wider unſere Klinge gerichtet ſind? Man hat ſie daher blos zum Grund der gegenwärtigen Paraden gelegt, *) und der natürlichen Beſchaffenheit gegenſtändlicher Stöſse mehr angeſchmiegt.

*) Deswegen darf es nicht befremden, wenn zwiſchen den Haupt- und den gegenwärtigen beſondern Paraden hie und da eine Aehnlichkeit eintritt, oder leztere auch unter Umſtänden gegen feſte Stöſse können gebraucht werden.

§. 92.

§. 92.

III. Von der Windung überhaupt.

Winden, drehen, rumpiren oder brechen heiſst, wenn ich meine Klinge überhaupt, (insbeſondere aber, wenn es ſein kann, mit der Stärke an des Feindes Schwäche angeſchloſſen,) in einem Zirkelbogen herumſchiebe, um dadurch der Richtung der feindlichen Klinge eine andere Wendung zu geben. Es erſcheint nicht immer unter einerlei Geſtalt, ſondern ſieht bald einem Ablaufen laſſen, bald einer Kavation gleich, nur daſs man hier die feindliche Klinge nicht verfolgt, ſondern umſchiebt. In dieſem leztern Fall benimmt man insbeſonders dem Feinde die völlige Herrſchaft ſeiner Klinge, und zwingt ihn in jede uns beliebige Lage. Deswegen wird es auch mannigfaltig, doch immer nur in ſolchen Fällen gebraucht, wo der Feind mit wenig Feſtigkeit die Spitze biethet. Denn die eigentliche Würkung des Windens beſtehet weder in einem Druk, noch weniger Schlag, ſondern in einem Wegſchieben der feindlichen Klinge, ohne ſich jedoch weit von dem Feinde zu entfernen.

§. 93.

Wenn der Feind auswendige Sekund oder Quart mit hoher Fauſt in die oberen Blöſen ſtöſst, ohne unſere Klinge zu drücken, ſo drehe man die Fauſt in Sekund, und hebe dieſelbe mit geſtreckten Arm, und gegen das Geſicht des Feindes zugewandter Spitze etwas höher als die Schulter, über welcher alsdann der Stoſs hinfällt. *) Dieſe Parade wird insbeſondere das Verfallen in Sekund genannt, und die Blöſe zu Sekund unter den Arm, die man ſich ſehr weit öfnet, kann nach etwas mehr geſenkter Spitze ohne weitere Müh durch den Ausfall getroffen werden. Man parirt auf dieſe Art auch Sekund unter den Arm, und Quart inwendig, wenn

K 2   ſie

76

fie langfam geftofsen wird, indem man von der auswendigen Seite
dem Feind bei dem Abgehen fogleich nach und unter die Klinge
gehet, jedoch wegen Weitläufigkeit diefer Bewegung die Menfur
bricht.

Anm. Gegen fefte Quart inwendig kann man fich des Verfallens in Sekund
mit der Kavation bedienen, weil ihr dadurch der Widerftand benommen,
und die Eigenfchaft eines flüchtigen Stofes beigelegt wird.

*) Daher ift diefe Parade leichter oder fchwerer, je nachdem der Feind
bei dem Stofen die Spitze höher oder tiefer richtet.

§. 94.

Der Quart und Sekund inwendig fetzt man eine verhangene
Terzlage mit einem Winkel entgegen, fo dafs die Spitze nach des
Feindes Körper trachtet. Ihr Gebrauch erftreckt fich auf folche Stöfe, die mit etwas niedriger Spitze erfolgen, und verurfacht eine
Blöfe zu Sekund inwendig. Der Fall, der zuweilen bei Quart-Pa-
raden ftatt findet, dafs nemlich die Klinge des Feindes abrutfchet,
ift hier weniger zu befürchten.

Anm. Die fefte Quart über den Arm läfst fich auf diefe Art mit der Kavation nach inwendig zu pariren, doch mufs man, wenn die Stöfe fehr
gefchwind erfolgen, die Menfur brechen, um die Schwäche des Feindes
zu erhalten.

§. 95.

Die Parade gegen Sekund unter den Arm, wenn diefelbe
keine zu ftarke Richtung nach der linken Seite hat, gefchieht: indem man den Arm in verhangener Sekund anziehet, *) und die
Klinge des Feindes, durch Erhöhung der unfrigen nach der rechten
Seite, gleichfalls gelinde dahin fchiebt. (§. 82.) Der Nachftofs
kann Sekund über oder unter den Arm fein. Eben fo kann man

die

die Quart-Koupee von sich weisen, doch hat man hier auch noch eine eigene Parade, nemlich: daſs man ihr, wenn ihre Richtung nicht zu streng nach auswendig geht, mit Quart, wobei ich die Fauſt hoch hebe, und die Spitze sinken laſse, inwendig entgegen kömmt. Mit Vorsetzung der Hand läſst sich Quart inwendig nach-stoſen.

*) Das Anziehen und Heben der Fauſt muſs der Lage der Spitze des Fein-des, um sie mit der Stärke faſsen zu können, angemeſsen, und nachdem diese höher oder tiefer gerichtet iſt, die Fauſt emporgebracht sein.

§. 96.

'Wenn der Feind bei dem Quart-revers-Stoſs nicht hart auf unserer Klinge hinſtreicht, so laufe man mit der Spitze unter dem Arme des Feindes hinweg, so daſs sie mit der Spitze erhoben inwen-dig in Sekund, und mit einem geringen Winkel zur rechten, zu liegen kömmt, Vermöge dieser schrägen Richtung muſs der Feind auswendig an unserer Stärke vorbeigleiten, und eines Nachſtoſses in Sekund in- oder, im Fall er drückt, auswendig gewärtiget sein.

§. 97.

IV. Vom Legiren und Battiren.

Statt der Parade kann endlich auch ein Schlag mit der Klinge gebraucht werden, der, je nachdem seine Würkung sich in grader Linie oder in einem Bogen ereignet, eine Battute oder Legade genannt wird. Beide dienen vorzüglich gegen Stöſse, die entweder mit steifen und angeſtrengten Sehnen oder mit schlaffen Arm erfolgen. Denn bei erſteren muſs die Spitze durch eine scharf angreifende Parade entfernt werden, weil sonſt die Blöſe, da der Druck nur während seiner Dauer die Klinge zurückhält, bei Auf-
hörung

hörung deſſen zufiel: Im andern Fall hingegen wählt man ſolche
Paraden deswegen, weil 1) jede andere, die in einem Druck beſieht,
zu ihrer Kraft keinen Widerſtand findet, und folglich die vortheilhafte Würkung nicht hervorbringt: ja wohl gar unſere Klinge zur
Seite treibt: ſind 2) weil man ſich unter dem Stand der Sache eine
auſſerordentliche Blöſſe öfnet.

§. 98.

Legiren überhaupt heiſst, wenn man mit der Stärke der
Klinge von der Schwäche des Feindes an deſſen Klinge herunterſtreift, und dieſelbe vermöge einer zirkelartigen Bewegung der Fauſt
und des Degens geſchwind und ohnwiderſtehlich fortſchlägt. Durch
dieſen Zirkelbogen, den ich entweder nach aus- oder inwendig zu
führe, wird das Legiren in die Legade in eigentlicher Be-
deutung, und in die Revers-Legade abgeſondert.

§. 99.

Das Legiren im engern Sinne geſchieht alsdenn, wenn
ich den Degen durch einen Zirkelbogen von der inwendigen Seite
her gegen des Feindes Klinge in Prim oder Sekund ſchleudere, ſo
daſs meine Spitze etwas in die Höhe nach auswendig bewegt wird:
oder kürzer: wenn ich die gewöhnliche Parade in verhangener Sekund (§. 82.) mit Force und Schnelligkeit verbinde. Die Ableitung
des Stoſses trägt ſich auf der auswendigen Seite zu, und zwar nach
der Lage des Stoſsenden *) minder oder mehr heftig. Inwendige
Stöſse (Quart und Sekund) und Stöſse unter den Arm (Sekund, untere Terz, Quart-Koupee und Revers) können auf der Stelle; feſte
Quart, obere Terz und Sekund auswendig aber nach der Kavation
legirt, und ſo mit Oefnung eine Blöſe unter oder über den Arm ab-
gewendet werden.

*) Se

*) So verurfacht die Legade gegen Quart, bei der vermöge erfterer der Degenknopf in das Gelenke kömmt, oft eine fo unangenehme, und ftarke Empfindung, dafs man die Finger öfnet und den Degen fallen läfst.

§. 100.

Bei der Revers-Legade, deren Richtung und Würkung nach der inwendigen Seite zu gehet, greife ich mit ganzer Stärke an des Feindes Schwäche in Terz, fo dafs ich über und auf feiner Klinge etwas winklich und mit nicht gehobener Spitze liege: aus diefer Lage beginne ich unter Biegung des Armes mit einem flüchtigen Druck, und fchleudere die Fauft nach inwendig zu in Quart, auf dafs durch den Bogen, deffen Weg von auswendig hinunter nach inwendig in die Höhe fich bezeichnet, die feindliche Klinge unter und feitwärts getrieben wird. Gegen Sekund und Quart, wenn fie ohne grofen Winkel geftofen werden, kann die Revers, und zwar auswendig auf der Stelle, jedoch gegen Terz und inwendige fefte Stöfse, nach der Kavation gegeben, und auf diefelbe Quart, oder Sekund inwendig nachgeftofsen werden.

Anm. Bei Sekund oder Terz kann auch die Würkung des Degenknopfes (§. 99. in der Note) eintreffen: überhaupt aber hält die Revers weder in der Würkung, noch Bequemlichkeit der Legade das Gleichgewicht.

§. 101.

Die Battute befteht in einem flüchtigen Streiffchlag mit der Stärke gegen des Feindes Klinge von der Schwäche herab in grader Linie. Der Schlag ereignet fich auf ganz gewöhnliche Art, mufs aber nur mehr durch das vordere Gelenke, als durch ftarkes Anziehen des Armes mit Force verfehn werden. Die Battute nimmt keinen eigenen Weg, fondern würkt nach allen Seiten. Auswendig battiret man in derjenigen Lage, die man bei dem Verfallen in Sekund

kund hat, gegen Quart und Sekund nach rechts zu, und verfchaft
fich Blöfe zu Sekund unter den Arm: eben fo kann die fefte Quart
inwendig, wenn fie nur wenig winklich geftofen wird, auf die Kavation battiret werden. Inwendig gefchieht die Battute in halb Terz
und halb Quart und zwar gegen Quart auswendig auf die Kavation,
gegen flüchtige Quart und Sekund inwendig und unter den Arm *)
auf der Stelle. Da der Schlag nach linker Hand treibt, fo entfteht
Blöfe zu Quart inwendig.

A n m. Bei zu niedrigen Stöfsen können wir die Schwäche weniger mit der
Stärcke faffen, folglich auch weniger battiren.

*) Bei Sekund unter den Arm beuge ich blos das Gelenke auswärts, um
in die nöthige Lage zu kommen.

§. 102.

Wegen Vollbringung der Legade oder Battute ift überhaupt zu
merken, dafs man nie unüberlegt und aus allen Kräften haue, in der
ganz gewiffen Einbildung, dem Feinde wehe zu thun, fondern feinen
Schlag immer fo mäßig bekräftige, dafs ich den Schwung der Klinge
jederzeit einhalten kann. Denn das Verhalten gegen folche Schläge
befteht meiftens *) darin, dafs, fobald der Schlag beginnt, man
demfelben gleichfam vorkaviret, und entgehet, oder die Klinge mit
Zurückziehen, oder durch Reteriren dem Feinde entnimmt. Hat
er alsdann den Schlag nicht in feiner Gewalt, fondern mufs die ge-
legte Force in die leere Luft auswüthen laffen, und fich völlig dabei
blos geben, fo befindet er fich in dem Zuftande, den man unter
fich Verhauen andeutet. Das einzige Rettungsmittel, das einem
folchen noch zufteht, ift, dafs er, um feine Blöfe zu fchützen, nicht
mit der Klinge zurückgehet, fondern den Bogen feines Schlages fogleich fort fezt, und von obenher dem andern mit einer Parade in
halb Terz und halb Quart, noch zuvorkommen kann.

*) Zu-

*) Zuweilen, und befonders bei Battuten macht man einen folchen Schlag auch nur dadurch unkräftig, dafs man, während jener anfezt, die Klinge hebt, und verftreckt, fo, dafs der Schlag mit der Stärke aufgefangen wird. Ereignet fich aber die Battute unvermuthet; fo kann ihre Kraft einigermafsen dadurch gebrochen werden, dafs man die Fauft etwas nachläfst, und fie in eine folche Wendung drehet, in welcher die Battute nicht wider das Gelenke würkt.

§. 103.

Von dem Pariren der Baftardftöfse.

Hohe Stöfse nach dem Geſichte leitet man am bequemſten über ſich hinweg, und zwar durch das Verfallen in Sekund, welches auswendig auf der Stelle, und inwendig nach der Kavation geſchehen kann. Iſt uns aber dieſe Parade, vielleicht wegen einem dermaligen Quartlager zu weitläufig, ſo kann man auch in einer der Hauptparade auswendig ähnlichen Quartlage, jedoch mit den Augen faſt gleich gehobener Fauſt und Spitze pariren, und Sekund unter den Arm nachſtoſen. Auch die inwendigen Stöfse laſſen ſich in Quart abwenden, alsdann aber mufs der Arm wohl geſtrekt, und etwas nach linker Hand gerichtet ſein; auch die Fauſt und Spitze den Augen gleich ſtehen. Hier gilt Quart-Koupee als Nachſtofs. — Niedere Stöfse hingegen nach den Unterleib wendet man entweder durch die gewöhnlichen Hauptparaden, wobei man ſich nur wegen Tiefe des Stoſses enger zuſammenfezt, oder auswendig mit verhangener Sekund und inwendig mit Quart (§. 95.) ab.

L

Zehn-

Zehntes Kapitel.

Von den Nachſtöſsen.

§. 104.

Jede Parade bewürkt auſſer ihrer weſentlichen Beſtimmung auch
nebenbei Blöſe zu einem gewiſſen Stoſs, der, je nachdem die Klinge
des Feindes entfernt, oder nur beiſeitiget wurde, flüchtig oder feſt
erfolgen muſs. Ein ſolcher Stoſs nun, der nach einem abgeſchlage-
nen oder parirten Angriffe in die durch die Parade geöfnete Blöſe
geſchieht, heiſst Nachſtoſs. Er tritt ganz in die Fugen eines erſten Stoſses, und unterſcheidet ſich von demſelben blos in Rückſicht
der Zeit, und Folge. Mit ihm kann ſich eine Tour ſchlieſsen, oder
vom neuen anfangen, wenn auch er der Parade weichen muſs. Seiner Vollbringung gemäſs ſey er 1) der Parade angemeſſen, d. h.
weder die Fauſt noch die Spitze der Klinge darf einigen Unbequem-
lichkeiten oder Umſchweifen ausgeſetzt ſeyn, um ihnen aus ihrer
Lage die zum Stoſs nöthige Wendung und Richtung in die Blöſe zu
geben. 2) Muſs der Nachſtoſs auf das rechte Tempo, nicht
zu früh und nicht zu ſpät eintreten. Dieſes geſchieht, wenn wir
den Feind dergeſtalt verfolgen, daſs unſer Ausfall zum Stoſs, und

ſein

fein fich-ins-Lager-Zurückbegeben einzeitig erfolgt.
Denn eher ftofsen zu wollen, hindert die enge Menfur, auch würde
man noch nicht fagen können, dafs ich ficher und rein parirt hätte:
fpäter hingegen könnte der Feind die gemachte Blöfe wieder bedecken. (§. 75.) Denn es läfst fich fchon hieraus folgern, dafs man,
um die Nachftöfse frühzeitig genug zu pariren, auch das Zurückgehen, und zwar fo wie man den Fufs zurückfezt, als das rechte
Tempo zur Parade wählt. Man pflegt daher fich kürzer unter:
mit der Parade zurückgehen auszudrücken. Da ich aus
dem Pariren des Feindes und meiner eigenen Blöfe den Nachftofs
vorausfehen kann, fo ift das Verfallen in die nöthige Gegenparade
leichter, als es vielleicht fcheint. Allein hüthen mufs man fich, zu
frühzeitig zu pariren, damit der Feind nicht die Blöfe des Ausftofses fahren läfst, und jene, die ich ihm durch die Parade gebe,
benutzt. Deswegen mufs die Fauft bei dem Zurückgehen nach und
nach gedrehet werden, fo dafs die Parade nicht eher als mit Auffetzung des ausgefallenen Fufses in ihrer Völle erfcheint.

Anm. Uebrigens ift von den Blöfen zu Nachftöfsen fchon bei den verfchiedenen Paraden Erwähnung gefchehen.

L 2   Eilftes

Eilftes Kapitel.

Von den Mitteln, sich Blöße zu verschaffen überhaupt.

***

Die Mittel, sich Blöße zu verschaffen, zwecken nicht einzig auf den Fall, wenn der Feind sich verschanzt hat, sondern dienen auch oft alsdann, wenn man die vorhandene Blöse erweitern, oder in eine andere, die mir vortheilhafter ist, verwandeln will. Die Mittel an sich sind daher nicht nur schon in dieser Hinsicht, sondern auch hauptsächlich wegen der Lage des Feindes verschieden. Denn, wenn der Feind mit steifem Arme und angestrengten Sehnen sich gelagert hat, so kann ich ihn eher durch einen Schlag, als Druck, wie es gegen einen schlaffen Arm geschieht, zur Blöse zwingen. Man wähle also die Mittel nach dem Grade der Gewalt, die wir brechen müssen, ergreife sie aber immer nur in dem Fall, wenn der Feind unter keinerlei Vorwand, als mit Gewalt, zu einer Blöse zu bewegen ist.

§. 106.

§. 106.

I. Von dem Gegenlager.

Wenn sich der Feind gelagert hat, so schicke man sich ernst-
lich zu einem Gegenlager, d. h. ich gebe genau acht, nach welcher
Seite, und in welcher Lage er die Spitze seines Degens gerichtet hat,
um meinen Körper und Degen in eine solche Lage zu bringen, in der
uns der Gegner, ohngeachtet wir die Klinge nicht bewegen, nichts
anhaben kann. Dieses zu erzielen, muss man die Klinge so richten,
dass sie der feindlichen an Stärke überlegen, und an Länge eben-
mäfsig, oder auf eine andere Art von gleichem Vortheil ist. Dadurch sieht sich der Feind genöthigt, eine Veränderung in seinem
Lager vorzunehmen, und mir Gelegenheit zum Stofsen zu geben.
In der engen Mensur läfst uns der Vortheil eines guten Gegenlagers
oft ohne gegebenes Tempo einen sichern Stofs anbringen, wenn
man besonders den Unterschied der Stöfse und Paraden erkennet.

§. 107.

Durch das Gegenlager kann man auch dem Feinde Blöfe ab-
locken, indem man ihm selbst freiwillige (§. 66.) Blöfe darbiethet.
Ein hitziger oder siegbegieriger Gegner wird leicht dadurch zum
Stofsen gereizt, und durch einen berechneten Nachstofs überflügelt.
Doch muls man bei dieser Art zu verführen wohl auf eine solche
Mensur bedacht seyn, in der man der feindlichen Spitze nicht zu
nahe ist: sollte es aber versehen oder nicht in unserer Willkühr ste-
hen, so breche man bei dem Angriffe die Mensur.

§. 108.

§. 108.

II. Von den Finten.

Wenn der Feind zu einem gewiffen Stofse keine hinreichende,
oder aber eine zweideutige, vielleicht abfichtliche oder mir überhaupt unanftändige Blöfe giebt, fo zeige ich ihm zwar die Bewegung eines Stofses, ftofse aber nicht würklich in die Blöfe. Man
belegt diefes Verfahren mit dem Namen: Finte, und verftehet
alfo folche Bewegungen darunter, wodurch ich den Gegner unter
dem Scheine eines Ausftofsens in eine Blöfe täufche, und zum pariren verleite, in der Abficht, die durch die Parade neu entftehende
Blöfe fogleich zu verfolgen.

§. 109.

Die Befchaffenheit einer Finte mufs ganz mit der eines Stofses,
von welchem fie eine Vorftellung feyn foll, harmoniren, und zwar
1) in Rückficht der Gefchwindigkeit, um die unterftellte Abficht
würcklich zu erreichen, d. h. die Finte darf nicht gefchwind gemacht werden, wenn der Feind langfam parirt, oder umgekehrt,
fondern immer fo erfolgen, dafs er fie nach feiner Fertigkeit pariren
kann. 2) Mufs die Finte in die nächfte Blöfe gemacht, und unter
der vollen Wendung des erfoderlichen Stofses gezeigt werden, damit
fie der Feind nicht nur fürchtet, fondern auch von einem Stofse
nicht unterfcheiden kann. Eben deswegen mufs auch der Degen und
der Arm diefelbe Linie und Richtung und überhaupt den kürzeften
Weg nehmen, wie er bei dem Stofse hätte nehmen müffen. 3) Suche man auch die Finte durch die Mine der Augen auf die Blöfe zu
bewahrfcheinlichen.

§. 110.

§. 110.

So wie jede Aenderung der Blöse einen andern Stofs herfür
bringt, so ändert sich auch die Finte, und ist also, 1) gleich den
Stöfsen nahmentlich verschieden. 2) Nach der Art, wann und wie
sie erfolgt, giebt es Finten schlechthin (schlechte Finten) oder
Kavations Finten. Unter jenen hat man solche zu verstehen,
die entweder statt des unmittelbaren Angriffs, oder nach einer einfachen Parade dem Feinde gemacht werden, und sind ferner streichende oder flüchtige Finten, je nachdem ich aus der Blöse
und Lage des Feindes vorsehen kann oder weis, dafs er dieselbe mit
einem Druke oder Schlage parirt. Erstere sollen einen festen Stofs
vor, und müssen an der Klinge des Feindes jedoch nur mit der
Schwäche an der Stärke hin gemacht werden, damit der Feind Gelegenheit zu drüken bekömmt. Um den folgenden Stofs zu begünstigen und desto geschwinder in die erschlichene Blöse zu werfen, so
schiebe man bei streichenden Finten den Oberleib etwas vor. Bei
zu erwartenden Legaden und andern solchen Vertheidigungsmitteln,
wo die Blöse schon weiter erfolgt, richte ich die Finte nach Art der
flüchtigen Stöfse ein. Kavations-Finten oder Finten auf die
Kavation heissen wenn ich dem Stofs, zu welchem ich zwar abgegangen bin, deswegen, weil ich den Feind mit der Kavations-Parade
mich verfolgen sehe, in eine Finte auf der Stelle verändere, und ihm
sodann mit einem Stofse kavire. In allen Fällen der Finte erwarte
ich zwar die Bewegung des Feindes zur Parade, allein die Parade
selbst nicht, sondern gehe alsdann mit einem Stofse nach der Seite,
auf welches durch das Pariren Blöse entsteht. Sollte er aber nicht
nach der Finte greifen, (§. 43.) sondern unbeweglich liegen bleiben,
so stofse man, wenn es sich anders ohne Gefahr thun läfst, auf der
Stelle fort.

§. 111.

§. 111.

Wenn man in die durch die Finte geöfnete Blöse abermals fintirt, und dann erst stöfst, so entstehen doppelte Finten. Aufser
den allgemeinen Bemerkungen gilt hier noch, 1) dafs man die Finten nicht zu oft verdoppelt, und sowohl mit ihrer Anzahl als auch
dem Stofse wechselt, damit weder der Feind den Betrug merken,
noch den gewissen Ausstofs berechnen kann: 2) dafs man die Finten
so mit und auf einander verbinde, wie die Stöfse einzeln in die Blösen hätten folgen müssen. Die Verdoppelung der Finten ist daher so
verschieden, als der Wechsel der Blösen sich ereignen kann. Demnach können in Verbindung stehen 1) Finten von einerlei
Art und zwar a) schlechte (streichende oder flüchtige) oder b)
Kavations-Finten. Oder 2) von verschiedener Art, a)
streichende und flüchtige, b) schlechte und Kavations-Finten, welche
leztere Verbindung man oft auch unter Kavations-Finten schlechthin ausdrückt.

§. 112.

Doppelte flüchtige Finten treffen oft zusammen, und
können in Rücksicht der Faust-Wendung, folglich auch ihres Nah-
mens einander gleich sein oder nicht. Zur erstern Klasse gehört
Quart in- und auswendig. Sekund nach eben diesen Seiten; oder
über und unter den Arm. Zur andern gehörig, kann sich auf die
Terzfinte entweder Sekund unter den Arm oder Quart inwendig ereignen, je nachdem die Parade in einem Ablaufen lassen
oder Winden bestehet. Eben so verhält es sich, bei Quart inwendig, die bald mit Sekund bald mit Quart unter den Arm kann
verbunden werden. Auf Quart Koupee folgt nach der Legade
Quart auswendig, auf Sekund inwendig, wenn der Feind in die
Höhe fährt, Quart Koupee.

§. 113.

§. 113.

Doppelte ftreichende Finten werden jene genannt, die aus mehrern ftreichenden, oder aber aus einer ftreichenden und einer oder mehrern flüchtigen Finten beftehen. Der erfte Fall ift bei Quart in - und auswendig, wenn der Feind drückt, und bei Quart inwendig und Terz vorhanden. Für den zweiten Fall rechnet man Terz und Sekund unter den Arm: Terz und Quart inwendig: Quart über und Sekund unter den Arm: und endlich Quart inwendig und Quart-Koupee.

§. 114.

Mit den ftreichenden Finten fteht das Laviren oder Hin-und-herfahren an des Feindes Klinge, in gewiffer Aehnlichkeit. Es kann daffelbe nicht nur als Finte gebraucht werden, fondern hat auch noch eine andere Abficht: dafs man nemlich den Arm in Quart anzieht, um die Schwäche zu erhalten, in denen Fällen, wo der Feind mit geftreckten Arm liegt, alsdann aber fogleich inwendig mit Quart, und auswendig mit Terz fortftöfst.

§. 115.

Der Apell, (§. 40.) wenn er zu mehrerer Täufchung mit der Finte verbunden wird, ift ohnverwerflich: allein als befondere Finte gebrauche man ihn nie. Man findet dergleichen Fechter, die mehr mit den Füfsen, als der Klinge fintiren, und glauben dadurch den Feind mit einem verftellten Auf-ihn-losgehen zu verleiten: allein ein ordentlicher Gegenfechter verfezt ihnen vielmehr auf der Stelle einen Stofs, oder macht eine Gegenfinte, da diefe befonders während der Bewegung des Feindes immer beffer gerathen, als wenn er ftill liegt. Auf eben diefe Art kann man auch jenen begegnen, wel-

M

che

che bei der Finte den Arm nicht hinlänglich ausstrecken, in der
Meinung, der Feind müsse, da er im Greifen die Klinge nicht findet, eine um so gröfere Blöfse geben. Aber warum soll der Feind
nach der Klinge greifen, da sie sich ihm nicht nähert, und bedrohet?

§. 116.

Der halbe Stofs, welcher von einem ganzen blos nach dem
Ausfall unterschieden ist, (§. 33.) bezweckt nebst der Finte, hauptsächlich auch die Mensur in etwas zu ersetzen. Insbesondere gebraucht man ihn gegen Feinde, die weniger mit ordinären Finten
zu erforschen, oder zum Pariren zu bringen sind. Eben so kann
ich mir oft durch die Finten nach dem Gesichte eine weit gröfsere
und vortheilhaftere Blöfe öfnen in Fällen, wo man mit einem
schüchternen Feinde angebunden ist.

§. 117.

Da jede Finte ein Erforschen, oder Verführen zum Grunde legt,
so vermeide man, wenn die Finte offenbar, oder ein Stofs nach
meiner Lage und Stellung ohnmöglich ist, ohne selbst unterstellte
Absicht das Pariren, oder ziehe sich, um im Zweifelsfall ganz sicher
zu gehen, zurück. Kann man hingegen die Finte nicht merken,
und vom Stofse unterscheiden, so ist das Greifen nothwendig,
d. h. ich mufs, so lang ich die Finte noch nicht erkenne, solche
Vertheidigungsmittel anwenden, wodurch ich den Stofs, dem sie
ähnlich ist, abwenden kann. Das Greifen nach der Finte
heifst also im figürlichen Sinn soviel als das Pariren der Stöfse, und
geschieht auf eben dieselbe Art. Damit man jedoch nicht in den
Fall versezt wird, seine Klinge zu weit zu entfernen, oder gar zu
verschleudern, so wähle man so lang, bis man seinen Gegner einigermafsen

germafsen erforfcht hat, die einfachen Paraden, oder bediene fich
der Kavation, wenn die Finten in obere Blöfen und nicht felbft
fchon mit der Kavation gemacht werden.

§. 118.

III. *Von dem Belegen.*

Das Belegen, Stringiren, Anbinden, die Klinge
fchliefsen u. d. gl. befteht in einem Druck mit der Stärke an des
Feindes Schwäche, vermöge deffen ich feine Spitze nach einer von
beiden Seiten aus der geraden Richtung zu führen fuche. Es ift bei
dem Fechten fehr häufig und wichtig, und darf deswegen keine
weitläufige Bewegung feyn. Es gefchieht auf der Stelle, oder mit
Durchgehen oder Ueberheben: welches von diefen aber gefchehen
mufs, beftimme ich 1) nach der Lage insbefondere, nemlich auf
welcher Seite das feindliche Lager am fchwächften ift, und wo ich
mich mit der Klinge befinde, und 2) nach der Lage überhaupt, auf
welche Art das Belegen am kürzeften und bequemften erfolgt. Deswegen mufs ich auch immer das Belegen felbft in einer folchen
Fauftwendung verrichten, die nach der Seite, wo ich belegen will,
fchon von felbft führt. Ehe die Bindung erfolgt, bemeffe man fehr
wohl die Menfur, wie auch die Lage der Spitzen, ob man nicht zu
weit von dem Feinde entfernt fey, fo, dafs diefer etwa, indem ich
feine ganze Schwäche fuchte, mir feine halbe Schwäche, oder wohl
gar Stärke gäbe, und mich fefter, als ich ihn, fafste.

§. 119.

Das Belegen auswendig, vermöge deffen ich den Feind
nieder und feitwärts nach auffen zu drücke, gefchieht in Sekund
oder in Quart, und mufs nach dem Verhalten des Feindes die Fort-

M 2

fetzung

fetzung des Angriffs beftimmen. Leidet er das Belegen, ohne weder
in die Höhe noch feitwärts zu drücken, fo wende ich meine
Fauft an der Klinge in Terz, und ftofse damit in die gemachte
Blöfe; fonft aber mufs ich bei eintretenden erftern Fall Sekund
unten, bei dem andern Quart inwendig ftofsen. *) Wenn es der
Feind hingegen nicht leiden will, fo ift er doch deshalb zu einer
Bewegung gezwungen. Sobald er daher 1) ab- und feitwärts gehet,
ohne mir die Spitze vorzuhalten, fo kann ich zu Sekund oben
oder unten oder inwendig Gelegenheit bekommen. Gehet er 2)
würcklich durch, jedoch langfam, fo kann eine geftreckte Sekund
über den Arm das nöthige bezwecken: bei einem gefchwinden
Durchgehen aber, zumal wenn er fich in fein voriges Lager begiebt,
bleibt mir nur ein neues Belegen übrig. Verbindet er mit dem
Durchgehen die Abficht zu ftofsen, fo kann man, um nicht pariren
und nochftofsen zu müffen, ihm in geftreckter Sekund oder Quart
mit eingezogenem Unterleibe und ftark vorgelegter Bruft die Klinge
entgegen halten, **) in die er, da diefe Wendung gefchwind und
unvermuthet erfolgt, von felbft laufen wird. Wenn endlich der
Feind mit höherer Spitze als Fauft, jedoch ohne Force dabei zu zeigen, durchgehet, fo ftofse man ihm ins Abgehen fefte Quart über
den Arm, oder, follte er vorhalten, legire, oder battire: und geht
er mit Force zurück, fo belege man ihm fogleich wieder, wenn
man die Quart über den Arm mit der Kavation nicht ftofsen will.

*) Das Drukken, oder Primiren, wenn es von feindlicher Seite uns
begegnet, ift an fich auch als Mittel zur Blöfe zu gebrauchen, indem
man nemlich dem Druk augenblicklich nachgiebt, und fo den Feind
nöthigt mit der Klinge anzufchlagen und Blöfe auf der andern Seite zu
geben. Es ereignet fich diefes Vorfinden meiftens bei fteif vorgelagerten
Feinden, und kann uns von nichts andern überzeugen, als dafs fie ihr
Lager mit Ernft behaupten wollen. Insbefondere verfährt man auf diefe
Art auch gegen diejenigen, die mit ftarkem Belegen die Blöfe zu erzwingen

zwingen fuchen. Uebrigens muſs ich nicht nur die Gewalt des Druckes, fondern auch die Richtung, welche die feindliche Klinge bei dem Loslaſſen nimmt, berückſichtigen.

**) Das Vorhalten, welches aus der Abſicht, und unter ſolchen Umſtänden geſchieht, daſs ſich der Feind ſpieſſen ſoll und kann, wird überhaupt das Arretiren genannt. Seine Anwendung iſt ſehr umfaſſend, und nach dem Belegen, auf welches der Feind zum ſtoſſen abgeht, ganz ſicher, zumal wenn man die Schwäche recht mit der Stärke gewonnen hat. Denn es wird eine etwas nähere Menſur, als die gewöhnliche, erfodert, welche durch den Ausfall des Feindes bewürckt und hergeſtellt wird. Damit man den Feind treffe, ohne ſelbſt getroffen zu werden, ſo muſs man nur gegen obere Blöſen arretiren, ſeine Glieder wohl dabei ſtrecken, und den Unterleib einziehen, zu welchem Ende auch der vordere Fuſs angeſetzt werden kann. Ein ſolches Arretiren iſt auf Tab. III. Fig. 2. näher zu betrachten.

§. 120.

Inwendig belegt man in halb Terz und halb Quart, oder in Terz, wobei aber die Spitze nicht höher als die Fauſt ſtehn, und kein Winkel erſcheinen darf, und ſtöſet feſte Quart inwendig nach, oder legirt. Drückt hingegen der Feind, ſo ſtoſſe ich ihm gegen ſeinen ſteifen Arm, Terz mit Durchgehen, oder Quart auswendig gegen ſeinen angezogenen Arm. Im Fall er aber abgehet, ſo kann Blöſe zur flüchtigen Quart inwendig zuweilen auch zur Quart - revers entſtehen, und iſt er des Stoſsens wegen durchgegangen, ſo findet der Arreſt mit Quart über den Arm ſtatt. Bei einem ſonſtigen Durchgehen, jedoch ohne ſich in ſein Lager zurücklegen zu wollen, ſtoſſe man ihm, je nachdem er mit oder ohne Forſche zurückgehet, flüchtig inwendig oder Terz ins Abgehen, legire oder battire.

§. 121.

94

§. 121.

Um das Belegen zu hindern, fo kann man, indem der
Feind binden will, Arm und Klinge flüchtig zuruckziehen, und auf
der andern Seite ftofsen. Diefes gelingt vorzüglich in Fällen, wo
der Feind mit erhabener Spitze nach meiner Klinge greift. Liegt
man hingegen mehr mit langer Klinge und der Feind belegt in grader Linie, fo kann ich nur in dem Augenblicke des Belegens die
Spitze finken laffen, und fogleich erheben, wo ich mich alsdann
in meiner vorigen Lage zurückbefinde, weil der Feind, da er die
Klinge nicht findet, nothwendig überhin gehen mufs. Eben diefes
gefchieht vermöge der Kavation, die ich unter Brechung der Menfur gebrauche, mich fogleich wieder vorlege, und indem der Feind
nachrückt, und zum zweiten mal belegen will, ihm ins Tempo
ftofse. Wer das Belegen des Feindes einigermafen vorfieht, der
laffe, obgleich fich beide Spitzen ziemlich nahe befinden, feine
Klinge winklich nach des Gegners Leibe laufen: er giebt ihr dadurch Verftärkung, und entfernt den anrükenden Feind: follte diefer aber durch noch näheres Angehen mit dem Belegen würken wollen, fo kömmt er mit feiner Stärke zu weit herfür, macht fich zur
Vertheidigung unfähig und kann zuverläfig getroffen werden,
zumal wenn man durch eine Wendung des Körpers von der Seite
angreifet.

Anm. Das Losmachen oder Freigeben einer gebundenen Klinge kömmt
auch zuweilen unter dem Ausdruk: die Klinge quittiren vor.

§. 122.

Da das Belegen einen Druk in fich verbindet, welcher, falls
ihm der Widerftand benommen wird, mit Oefnung einer Blöfe verfällt, fo kann man insbefondere jedem Belegen mit dem Durchgehen,
und Stofsen begegnen. Bei einem ftarken auswendigen Bele-

gen

gen in Quart ſtoſse man daher flüchtige Quart inwendig, oder,
wenn die Bindung minder ſtark geſchieht, legire, winde in Sekund,
und ſtoſse. Belegt aber der Feind enge und ohne Gewalt in Terz,
ſo ziehe ich den Arm etwas an, um die Schwäche zu gewinnen,
und entgegne mit Terz, oder gehe durch und battire. Dieſe Gegen-
terz gebrauche ich auch bei einem gewaltſammern Belegen des Feindes, ſtoſse dieſelbe aber mit einem Winkel. Nicht minder iſt Terz
der Gegenſtoſs bei der inwendigen Bindung in Terz. Allein
wenn ſie inwendig in halb Terz und halb Quart geſchieht, ſo komme ich entweder mit einer feſten Quart auf der Stelle zuvor, oder
verfolge ſein ſtarkes Durchgehen mit Quart über den Arm.

§. 123.

Wenn der Fall eintritt, daſs beide fechtende Parteien, um zu
belegen, ſich entgegen kommen, oder der eine von dem andern ſogleich nach dem Abgehen verfolgt wird, ſo erhebe man im erſten
Fall, wenn er merklich iſt, die Klinge, und ſtoſse ins Tempo fort:
im andern Fall aber gehe man mit tiefer Spitze etwas langſam voran,
damit der Feind über der Klinge hinwegläuft, und ich dennoch auf
der beabſichtigten Seite belegen kann.

§. 124.

IV. Von dem Heben.

Heben, Portiren, Graduiren heiſst des Feindes Schwäche vermöge der Stärke, oder zuweilen des Stichblatts in die Höhe
drücken. Man bedient ſich deſſen alsdann, wenn der Feind mit ge-
ſtrektem Arm ſo vor uns liegt, daſs man beinah unten Blöſe hätte,
läge die Spitze nicht etwas niedriger als unſere Augen. Kürzer und
bequemer ergänzt man alſo in dem Fall durch einiges in die Höhe-
ſchieben die ſchon halb vorhandene Blöſe, als daſs man durch das

Belegen

Belegen eine neue zur Seite fchaffen wollte. Was übrigens bei dem
Heben auf der Stelle oder mit dem Durchgehen beabfichtiget werden
muſs, ſtimmt mit dem Belegen (§. 118) überein.

§. 125.

Wenn der Feind das Heben, welches auswendig nach Art des
Verfallens in Sekund, inwendig aber in Quart gefchieht, leidet, ſo
ſtoſse ich auswendig Sekund und inwendig Quart unter den Arm.
Bezeigt er fich aber unruhig, und drükt mit der Schwäche, ſo ſtoſse
ich feſt entweder Sekund unter den Arm oder Quart inwendig, je
nachdem ich belegt habe. Hingegen wenn er bei dem auswendigem
Heben mit vorgeſtrektem Arm mit der Stärke drükt, ſo legire ich
aufs Durchgehen, oder winde und ſtoſse nach. Eben ſo verhalte
ich mich, indem er bei unterſtelltem Heben herunter gehet: ſollte
er fich aber bei dieſem Heruntergehen noch inwendig hinein bewegen, und zwar ſtark oder fchwach, ſo kann man hier ins Abgehen,
dort mit der Kavation ſtoſsen. Begegnet uns dieſes Drüken mit der
Stärke bei dem Heben von inwendig, ſo ziehe man fich zurück,
legire, oder, wenn fich ein ſtarkes oder fchwaches Durchgehen zu-
trägt, ſo entziehe man dort die Klinge, und ſtoſse auf der andern
Seite, und hier ins Abgehen auf der Stelle. Wenn endlich der
Feind ohne zu drüken fich dem Heben entzieht, ſo begiebt er fich
nach unten, hält für oder ſtöſt. In dieſen Fällen kann ich nach
Umſtänden entweder legiren, winden, arretiren, oder blos pariren.

§. 126.

Wenn der Feind auswendig hebt, und dabei den Kopf nicht
hinlänglich dekt, ſo ſtoſse man Terz, oder falls die Spitze über uns
weggeht, Sekund unter den Arm. In ſo fern aber der Kopf gedekt
iſt, ſo muſs man feſte Quart über den Arm nach dem Geſichte
ſtoſsen.

ftofsen. Bei dem inwendigen Heben hingegen kann, je nachdem er mit höherer oder tieferer Spitze liegt, die Gelegenheit zu Quart-Koupee oder revers vorhanden fein.

§. 127.

V. Von der Windung.

Das Winden (§. 92.) ift nicht nur an und für fich ein Mittel, Blöfe zu erzwingen, fondern kann auch unter dem Schein einer Legade nach Art der Finten diefelbe erfchleichen. Als eigentliches Zwangsmittel gefchieht es

1) in verhangener Sekund. (§. 82.) Wenn der Feind mit vorgeftrekter Klinge liegt, fo, dafs Spitze, Fauft und Schulter gleich find, fo faffe ich mit der Windung auswendig an des Feindes Schwäche, und fchiebe fie folang auf die Seite, bis ich unter den Arm komme, und Sekund mit Vorfetzung der Hand ftofsen kann. Senket er aber indem ich winde, die Fauft, und drückt zugleich, fo feze ich den Angriff mit Sekund über den Arm, oder, wenn er nicht drückt, inwendig fort. — Wenn hingegen der Feind mit der Spitze nicht fehr hoch liegt, fo kann man auch die Windung aus der verhangenen Sekund fortfetzen, bis dafs man inwendig in halb Terz und halb Quart zu liegen kömmt, und fefte Quart, oder wenn er in die Höhe fährt, Quart-Koupee nachftofsen: geht er aber ab, und hält niedrig vor, fo fchiebe ich ihn mit verhangener Quart zur Seite, und ftofse in diefer Wendung nach inwendig.

2) Kann ich die Windung in Terz anlegen, und von der auswendigen Seite bis wieder dahin winden. Widerfteht der Feind nur wenig, fo ftofse ich Terz fort: fährt er aber vor der Windung in die Höhe, fo giebt er Blöfe zu Sekund unter den Arm. Wenn der Feind

N

abgehet,

abgehet, und zwar ſtark, daſs wir ihm keine feſte Quart ins Abgehen zu ſtoſsen vermögen, ſo müſſen wir ohne zu winden ihm nachgehen. Sollte endlich der Feind gleich anfangs der Windung ſtark
widerſtehen, ſo laſſe man denſelben fahren, und ſtoſse in die ſich
öfnende Blöſe.

3) Die Windung in halb Terz und halb Quart fängt man inwendig, ſo wie ein Belegen, an, und ſchiebt die Spitze nach auſſen
über und unter der Klinge herum, jedoch ſo, daſs man am Ende
der Windung in die Lage des Verfallens in Sekund zu liegen kömmt.
Dieſes Winden findet alsdann ſeine Anwendung, wenn der Feind
mit Fauſt und Spitze der Schulter gleich, oder mit erſterer noch
höher, dabei aber mit ſchlaffen Arm liegt.

4) Die Windung in Quart kann entweder von innen nach inwendig, oder von auſſen nach auswendig herum bis in die vorige
Lage zurük geſchehen, allein da es ſich dabei nicht wohl vermei-
den läſst, daſs ſich der Feind an die Parirſtangen ſtöſst, ſo iſt es
beſſer die Windung in Sekund vorzuziehen. Bei Quart-revers kann
man ſie jedoch als Finte der Revers-Legade gebrauchen.

§. 128.

Wenn der Feind in Sekund ſchwach windet, ſo kann man entweder auf dieſe Art dagegen winden oder Terz ſtoſsen. Dieſes lezte
muſs ich auch alsdann thun, wenn er mit einer ſtarken Windung
anſezt, nach der ich ſogleich abgehe. Eben ſo verhält es ſich bei
einer feſten Windung in Terz; bei einer ſchwachen der Art hingegen
kann ich Terz, feſte Quart über den Arm, oder wenn er mit der
Spitze ſehr hoch liegt, Sekund ſtoſsen. Gegen das Winden in Quart,
wenn es von der rechten nach der linken geſchieht, ſtoſse man ſogleich

gleich Sekund, die ohnfehlbar, wenn fie der Feind nicht in die
Höhe parirt oder battirt, fizen wird.

Anm. Uebrigens ift das Winden ein einfaches oder fortgefeztes, je nach
dem ich ein oder mehrmalen um die Klinge herumfchiebe.

§. 129.

Die endlichen Mittel zu Blöfen gründen fich auf das Schlagen,
und beftehen in der Legade und Battute. (§. 97. u. f.) Gegen Feinde,
die uns die Klinge feft und fteif entgegen fezen, würken fie mit
vieler Gewifsheit und ihre fernere Widerhohlung dient noch auffer-
dem, diefelben zu ermüden.

Anm. In allen Fällen, wo der Feind die freiwillige oder erzwungene
Blöfe während des Ausftofses ändert, und in eine andere verwandelt,
mufs man den Stofs hier fogleich als eine Finte zurücknehmen und dort
in die neugefchaffene Blöfe einrichten.

Zwölf-

Zwölftes Kapitel.

Von der Art, den Feind mit Stöſen zu begegnen.

§. 130.

Die würkliche oder doch beabſichtigte Anbringung der wechſelſeitigen Stöſe erfolgt entweder zu verſchiedener Zeit, auf einander, oder aber in einem und ebendemſelben Tempo. Jenes wird das einfache oder ſimple Stoſen, dieſes das Stoſen a-Tempo genannt. (§. 3.) Daſs — und wie — man nach erſterer Art den Feind aus der rechten Menſur angreift, iſt bisher abgehandelt worden, es verknüpfet ſich daher (§. 45.) die Folge.

§. 131.

I. Von dem Angriff aus der weiten Menſur.

Sobald man den Feind aus einer weiten Entfernung angreifen will, ſo muſs man wegen drohender Gefahr ſolcher Näherungen

(§. 17.)

(§. 17.) forgfam die Spitze des Feindes hüthen, und diefelbe durch ein angemeffenes Belegen von fich wenden. Bei diefem Belegen fetze ich mit der Schwäche an, damit, wenn der Feind daffelbe durch die Kavation fogleich vernichten will, es für mich von unfchädlichen Folgen ift. Gelange ich nach und nach bis an die halbe Stärke, fo ift das rechte Maas zum Manne gewonnen. (§. 29.) Von hier aus fuche man nun den Feind, ehe man ihn würklich angreift, völlig auszuforfchen. Man gebe ihm Blöfe, und merke genau, ob und wie er ftöfet; ob er die Klinge hoch oder niedrig, nah oder vom Leib entfernt führt; oder man verfchliefse ihm die Blöfe; ftofse blind auf ihn zu; merke, ob und wie er fich vertheidigt, ob er Stand hält oder zurückweicht. Aus allen diefen Fällen wähle ich dann die Gelegenheit, einen fichern Stofs zu vollbringen.

§. 132.

Das Anrücken felbft mufs in engen Schritten, in einem flüchtigen, dabei feften und regelmäfsigen Gange gefchehen, damit mir der Stand meiner Füfse immer wohl bekannt bleibt, und ich bei aufftofsenden Unfällen im Reteriren mit denfelben nicht in Verwirrung gerathe. Will man in die enge Menfur gehen, fo wird nothwendig ein ficheres Gegenlager erfodert, wobei aber der Leib fo lang auf den hintern Fufs zurückgelegt werden mufs, bis man mit dem vordern in die gedachte Menfur eingerückt ift, und auf den Feind zu ftofsen hat, oder im Fall er mir entgegen kömmt, ein Gegentempo nehmen kann. Wenn aber der Feind reterirt, fo beobachte ich gerade das Gegentheil, d. h. jezt lege ich im Fortfchreiten den Leib allzeit auf den vordern Fufs, bis dafs der hintere nachgezogen ift. Dadurch hindere ich den Feind während feinem Reteriren fchnell gegen mich vorzurücken; doch ift hier genau acht zu haben, auf welcher Seite fich feine Klinge befindet.

§. 133.

§. 133.

Wenn man insbesondere zum Avanciren die Passade gebraucht, so kann man zwar mit derselben in-. und auswendig der feindlichen Klinge anrücken, jedoch muss ich sorgfältig deren Spitze durch ein Belegen so von mir wenden, dass sie der herfürrückenden Seite meines Körpers nicht schaden kann. Finden wir daher des Feindes Spitze nach unserer rechten gewendet, so belegt man auswendig, bringt die linke Hand herfür und passiret. Ist hingegen meine linke Seite bedroht, und der Feind macht nach inwendig einen Winkel, so kann man mittels des Belegens in Terz, wobei man auch die linke Hand vorsezt, inwendig anrücken. Liegt der Feind endlich mit gestreckter Klinge, so weise man dieselbe allzeit nach auswendig, damit der linke Theil des Körpers ohne Gefahr sich vorbewegen kann. Will ich mit der halben Passade stofsen, so muss dieses mit Auffetzung des vorgebrachten Fufses geschehen. Mislingt der Stofs, so nehme ich den Fufs zurück, und verfetze mich dadurch in eine weite Menfur. (§. 74.) Mit der dreyviertels Passade läfst sich vorzüglich gut alsdann ein Stofs verbinden, wenn der Feind sich bei dem erften Vorfetzen des Fufses von dem auswendigen Belegen befreit, und nach inwendig vielleicht mit einem Gegenstofs begiebt. In diefem Fall parirt man sogleich, und fällt mit dem rechten Fufs zum Stofs herfür. Hat man aber den Stofs ausdrücklich für diese Passade beftimmt, so mufs man bei dem erften Vortritt den Leib ganz niedrig zufammen fetzen, und behutfam decken. Damit diefes aber vermöge der Stärke der Klinge defto befser geschehen kann, so fuche man die linke Schulter so viel möglich zurück, und die rechte herfür zu halten. Der ganzen Paffade bedient man sich eigentlich nur zum Entwafnen; will man aber dennoch stofsen, so ist es rathfam, dafs man den Degen hinter feinem Rücken fafst, und so gegen den Feind richte. Diefes ift

um

um deswillen anzurathen, weil der Feind, wegen allzunahen Stande meine Klinge faffen, und mir felbft fchaden, oder ihn zu verletzen hindern könnte. Gegen einen eilenden Feind hingegen paffirt man fehr vortheilhaft, wenn man zumal mit jedem Ausfchritt einen Stofs oder Finte wagt, um ihm dadurch die Zeit zu benehmen, fich zu lagern, und zum Stofs zu erhohlen.

§. 134.

Das Stofsen nach einer Volte, oder nach dem Giriren, gefchieht, (wenn es nicht in einem blofen Arretiren beftehet,) indem ich von der Seite auf den Feind ausfalle. Die linke Hand mufs hier bei dem Abgehen die feindliche Klinge, die man allzeit der Seite, wohin die Wendung des Körpers gefchieht, entgegen abweifet, hüthen und zurückhalten.

§. 135.

Gegen das Anrücken bedient man fich vorzüglich eines der Blöfe des Feindes angemeffenen Arretirens, welches, im Fall die Näherung durch das erfte An- oder Vorfetzen des hintern Fufses, auf welchem das Tempo beruht, nicht hinlänglich gefchehen feyn follte, vermöge des Ausfalls unterftüzet werden kann. Es ift diefes daher bei dem Avanziren der gefährlichfte Zeitpunkt, wo ich die Spitze des Feindes nothwendig gebunden haben, und zu erhalten fuchen mufs. — Der Gefahr, die uns bei dem Voltiren von der Seite bedrohet, *) entweichet man durch eine Gegenvolte, auf welche man alsdann fein übriges Verhalten nach dem des Feindes beftimmt, und demfelben, je nachdem er entweder die Volte gegen den alten Stand zurücktaufcht, oder aber traverfirt, und fich auf dem neuen Platze lagert, gleichfalls nachahmet.

§. 136.

*) Deswegen kann man auch mit ganz befonderer Würkung gegen die halbe
Paſſade voltiren, und gegen die dreiviertels Paſſade giriren, und vor
halten.

§. 136.

II. Von den Tempo-Stöſsen.

Tempo-Stöſse überhaupt werden diejenigen genannt, denen
zwar eine Bewegung oder ein Stoſs vorausgehet, die aber deswegen
nicht Nach- ſondern vielmehr gleichzeitige Stöſse zu nennen ſind.
Die Art der Bewegung, mit welcher der Stoſs in Verbindung tretten
ſoll, beſtimmt die Beſchaffenheit, nach welcher die Tempo-Stöſse
unter ſich verſchieden ſind. Die vornehmſte Gattung derſelben, von
denen hier die Rede ſein ſoll, ſind die Kontratempo-Stöſse.
Sie unterſcheiden ſich 1) von den ſogenannten Wechſelſtöſsen, indem hier der Angriff, die Vertheidigung und der Nachſtoſs kein
dreifaches, ſondern nur ein Tempo umfaſen. 2) Die Kontratempo-
Stöſse ſind gleichſam Mitſtöſse, und alſo von jenen unterſchieden,
welche blos auf oder in ein gegebenes Tempo geſchehen, oder wenn
ſie ja auf einen Stoſs erfolgen, denſelben nicht zugleich pariren,
ſondern nur vermöge einer längern Linie oder Wendung des Körpers (§. 39.) zuvorkommen. Ein Kontratempo-Stoſs beſtimmt ſich
demnach als ein ſolcher Gegenſtoſs, welcher nicht nur in die durch
einen feindlichen Ausſtoſs ſich öfnende Blöſe, ſondern zugleich als
Parade dieſes Stoſses gerichtet iſt.

Anm. Was die Stöſse ins Tempo betrift, ſo ereignen ſich dieſe nach
der Blöſe bald flüchtig bald feſt, je nachdem die Finte, auf welche ſie
gewöhnlich geſtoſsen werden, flüchtig oder ſtreichend war. Sie gerathen
deſto beſser, wenn der Feind die Finte langſam, weitläufig, oder unrein
macht, oder gar den Arm anzieht, und ſo die Schwäche verſpielt.
Allein weil der Feind oft blos deswegen ein ſolches Tempo giebt, um
selbſt

felbſt Kontratempo ſtoſsen zu können, ſo unterſtelle man allzeit eine
Finte ins Tempo und ſtoſse erſt alsdann aus. ·Oft kann man ſich durch
eine ſolche Finte nach dem Geſichte die beſſe Blöſe verſchaffen.

§. 137.

Es iſt ohnſtreitig, daſs man durch Kontratempo-Stöſse ſeinen
Gegner am erſten, und wenn ſie nach allen Regeln der Kunſt geſtoſsen werden, am ſicherſten übermannet. Lange Uebung machen ſie
uns ſehr leicht, und ſo geläufig, daſs man aller fernern Paraden
vergiſst, und nur ſtoſsend parirt. Der Grund der Kontratempoſtöſse
liegt in dem Mechanism des ſimplen Fechtens. Denn obgleich die
Parade gegen den feindlichen Ausſtoſs Blöſe öfnet, ſo muſs doch der
Nachſtoſs immer ſo geeigenſchaftet ſein, daſs durch ihn die feindliche Klinge noch zurückgehalten wird: die Parade an ſich iſt daher
entbehrlich, jedoch unter Einſchränkungen. Denn 1) kann nur
mit feſten Stöſsen in obere Blöſen kontratempo geſtoſsen werden,
weil flüchtige nicht gegen die feindliche Klinge würken. 2) Können
nur jene Paraden zu Stöſsen umgeſchaffen werden, die ſich mit einem Ausfall verbinden laſsen, und wobei die Klinge nicht nur von
der des Feindes nicht abgehet, ſondern auch die Spitze nach demſelben richten. 3) Wird hier allzeit eine genaue Menſur erfodert.
Uebrigens ſcheue man den Ausfall nicht, ſondern ſuche nur des
Feindes Schwäche durch eine gehobene Fauſt zu ſchlieſsen: Denn
dadurch hindert man eben, daſs man nicht auch getroffen wird.

§. 138.

Kontratempoſtöſse gegen Stöſse über den Arm.

1) Wenn der Feind S e k u n d über den Arm ſtöſt, ſo kann man
ihm Terz dagegen ſtoſsen. Insbeſondere aber ſtöſt man gerade

O   Quart

Quart auf der Stelle, wenn des Feindes Spitze bei dem Stoſs hoch
liegt: oder wenn er ohne Winkel nach dem Geſichte ſtöſst und die
Fauſt nicht hinlänglich hebt, hebt er ſie aber, ſo ſetze man ſeinen
Körper zuſammen, und entgegne Sekund unter den Arm. Nur als-
dann läſst ſich nicht wohl ein Kontratempo ergreifen, wenn die
Sekund des Feindes einen Winkel zu ſeiner linken hat.

2) Gegen eine nicht zu ſtarke Terz, deren Spitze hoch iſt,
kann man Quart auf der Stelle, oder bei niedriger Spitze, Terz
ohne Winkel ſtoſsen. Stöſst der Feind hingegen ohne Winkel nach
der obern Bruſt, oder nach dem Geſichte, ſo ſtoſse ich dort Terz
mit dem Winkel, und hier Sekund auf der Stelle entgegen. Gegen
eine forcirte Terz, wenn die Spitze nicht zu tief liegt, pflegt man
nach der Kavation Quart inwendig mit einem Winkel zu ſtoſsen,
allein es kann dieſes kein eigentlicher Kontratempoſtoſs genannt
werden.

3) Wenn der Feind in gerader Quart angreift, und zwar ſo,
daſs Fauſt und Spitze niedriger als die Schulter liegen, ſo ſtoſse man
mit Terz entgegen: oder mit Sekund, wenn er der Schulter gleich,
oder höher liegt. *) Erfolgt aber die Quart des Feindes mit einem
Winkel zur linken Seite, und zwar unter höherer Fauſt als Spitze,
ſo kann man dieſelbe in Quart-revers mit der Kavation, oder aber,
im Fall die Spitze höher liegt, in Sekund über den Arm, oder bei
einem langſamen Angriff, in Quart inwendig mit der Kavation erwidern. Stöſst endlich der Feind Quart mit einem Winkel zur rechten, und hebt die Fauſt höher als die Spitze, ſo ſtoſse man Quart
über den Arm, ſonſt aber Sekund oder Terz dagegen. Durch leztere,
wenn ſie ſtark geſchieht, kann dem Feind der Degen leicht ausge-
worfen werden.

*) Weil

*) Weil die Blöſe hier nicht ganz vollkommen iſt, ſo unterſtelle man mit dem Verfallen in Sekund nicht die Hauptabſicht, zu ſtoſſen, ſondern nur die Nebenabſicht, d. i um den Feind ſcheu und verwirrt zu machen.

§. 139.

Gegen Stöſſe nach inwendig.

1) **Sekund** inwendig läſt ſich nur in Terz mit der Kavation, oder, wenn ich den Stofs mit der Hand hinwegweiſe, in Sekund inwendig Kontratempo erwidern.

2) Gegen eine ſtarke **Quart** inwendig ſtöſt man mit der Kavation Sekund unter oder über den Arm; und, ereignet ſie ſich flüchtig und ſchwach nach dem Geſichte zu, Quart auf der Stelle, oder über den Arm mit der Kavation. Sonſt kann auch, wenn Fauſt und Spitze gleich hoch gerichtet ſind, kavirte Terz oder, bei tiefer Spitze des Feindes, Quart-revers geſtoſſen werden.

§. 140.

Gegen Stöſſe unter den Arm, u. a.

1) Wenn **Sekund** unter den Arm mit höherer Fauſt als Spitze, in einer etwas tiefen Lage geſtoſſen wird, ſo kann man derſelben mit Quart-revers, ſicherer aber mit Terz unter der Klinge, oder auch, im Fall der Feind drückt, mit Sekund unter den Arm begegnen.

2) Bei einem Angriff mit flüchtiger **Quart-revers** richte ich mich auf Sekund über den Arm, und, wenn ſie feſt und mit geho-

O 2

bener

bener Fauft 'erfolgt, zu Terz oder auch Quart-revers nach dem Durhgehen.

Anm. Quart-Koupee und untere Terz billigen keinen Kontratempoftofs.

§. 141.

Wenn der Ausftofs des Feindes erft nach einer Finte gefchieht, fo ift kein Unterfchied in dem Kontratempoftofsen: nur mufs man den Stofs wohl von der Finte und umgekehrt unterfcheiden können, um nicht, zumal wenn man durch den Kontratempoftofs auf der andern Seite, weite Blöfe geben mufs, durch doppelte Finten betrogen zu werden. Hingegen hüte man fich, alsdann Kontratempo zu ftofsen, wenn der Feind mit der Finte in die Menfur fchleicht; denn in folchen Fällen verfehlt man gewöhnlich die feindliche Schwäche. Eine Ausnahme findet jedoch ftatt, wenn man in der Gefchwindigkeit die genaue Menfur wieder herftellen kann. Um diefes lezte zu bewürken, merke man auf die Art, wie der Feind anrückt, und ziehe fich in eben dem Maafe zurück, als er vorfchreitet. Wenn er daher fich in der Finte blos vorfchiebt, oder durch ein halbes Nachfetzen des hintern Fufses nähert, fo brauche ich nur, um die Schwäche zu erhalten, bei dem Greifen nach der Finte den Arm anzuziehen, oder den hintern Fufs halb zurück zu fetzen.

§. 142.

Weil der Kontratempoftofs auf den feindlichen Ausftofs gefchieht, fo folgt, dafs man fich Gelegenheit dazu verfchaft, indem man freiwillige Blöfe giebt, die zu obern Stöfsen nach der Bruft (§. 137. No. 1.) geeigenfchaftet ift. Allein hier prüfe man, vor dem wirklichen Kontratempoftofs, erft das Benehmen des Feindes. Denn oft fcheuet er eine folche Blöfe, und lauert auf den Angriff. (§. 136. in der Anm.) In diefem Falle greife man mit halben Stöfsen an, und.

und zwar mit folchen, bei deren Parade er eine grofse und vortheilhafte Blöfe öfnen mufs. So kann man auch durch den halben Stofs
oder die Finte den Feind, wenn er einen Kontratempoftofs merklich
beabfichtigt, reizen; und ihn alsdann gleichfalls verfolgen, oder,
wenn er behutfam ftöfst, legiren oder battiren. Tritt aber der Fall
ein, dafs uns der Feind unvermuthet mit einem Gegentempoftofs
begegnet, fo bleibt uns nichts übrig, als ein fchnelles Wechfeln zur
Parade, die gemäfs unferes Stofses am nächften liegt. *) Um jedoch nicht zu fpät zu kommen, indem der Feind nur ein Tempo
macht, fo mufs diefe Parade ohne Zurückgehen und wegen der na-
hen Menfur mit angezogenen Arm gefchehen.

*) Das Ablaufenlaffen gegen obere, und das Ausheben gegen niedere
Stöfse find am dienlichften.

Drei

Dreizehntes Kapitel.

Von den ferneren Paraden.

---

§. 143.

I. Von dem Pariren mit Veränderung der Menſur.

A. Wenn man ſich bei der Vertheidigung von dem Feinde entfernt, ſo geſchieht dieſes entweder für ſich einfach oder mittelſt einer Parade. Das bloſe Reteriren, unter deſſen verſchiedenen Gattungen das Zurükſpringen (§. 38.) dieſen Fall am meiſten begünſtigt, ſichert gegen alle Stöſse, wenn es aus der gewöhnlichen Menſur mit Schnelligkeit erfolgt, und kann noch überdieſs den Feind zu einem ihm ſchädlichen Verfolgen verleiten. Oft wird es als eine nützliche und nothwendige Parade gebraucht, zumal wenn man durch langes unentſchiedenes Angreifen ermüdet, oder in Verwirrung gerathen iſt. Allein auf der andern Seite macht es das Fechten langſam, die Nachſtöſse können nicht unmittelbar erfolgen, und weicht man mehrmals zurück, ſo weckt man öfters, bei einem furchtſamen Feinde Muth und Behutſamkeit. Hingegen erfodert oft die Nähe des Feindes, die Parade der Klinge mit dem Reteriren

zu

zu verbinden: und unter diefen Umftänden können alle Arten des
Zurückgehens, ausgenommen das Zurückfpringen, angewendet werden, und zwar, meil man während der Retirade, um diefelbe zu
erleichtern, an des Feindes Schwäche bleiben, und deffen Klinge
hüthen mufs, welches bei dem Zurückfpringen nicht wohl angeht.

§. 144.

Das Zurückweichen mit beiden Füfsen läfst den Kör-
per zwar in einem Lager, allein, da es zwei Tempo in fich begreift,
fo ift es gegen gefchwinde Feinde nicht immer hinlänglich, und
zweckmäfsig. Bei dem Zurückfetzen des hintern Fufses
giebt man nur ein Tempo, und man kann, im Fall der Feind nachrückt, durch Näherfetzen des vordern Fufses fogleich fein Lager
wieder beziehen. Doch auch diefe Art von Retiriren hat den Nachtheil, dafs fie vermöge des auf dem hintern Fufse ruhenden Körpers
nicht flüchtig erfolgt. Das Annehmen des vordern Fufses
bleibt daher immer eines der vorzüglichften Mittel: ob es gleich aus
dem Lager bringt, fo kann diefes doch durch Zurückfetzen des hintern Fufses bald hergeftellt werden.

Anm. Das Zurückziehen des Oberleibes kann nur alsdann gebraucht werden, wenn man fich in einer etwas entferntern Menfur befindet, und nach dem genommenen Lager den Leib nicht fchon zurückgezogen hat. Es wird um fo beffer bewürket, wenn man den Fufs zu-
rücknimmt. Das Gleichgewicht halten, und fich mit der Klinge nicht
zu verfallen, find Hauptbeobachtungen dabei.

§. 145.

Das Fortfetzen, oder Einhalten der Retirade oder das Widervor-
rücken mufs aus dem Verhalten des Feindes beftimmt werden.
Rückt er fogleich nach, fo mufs ich von neuem auf meine Vertheidigung

digung bedacht fein, und kann desfalls das Reteriren fortfetzen: bleibt er aber im Ausfalle liegen, fo kann ich die Retirade einhalten, und legiren u. f. w. Sollte ich aber fchon in die weite Menfur zurückgewichen, oder der Feind auch zurückgegangen fein, fo gelingt es unter Belegen, oder Finten, und Legaden wieder anzurücken.

§. 146.

Wenn man das Zurückweichen des Feindes erft fsdann merkt, wenn der Ausftofs fchon gefchehen ift, fo kann man ohne den Ausfall zurückzunehmen den hintern Fufs unter ei er Finte anfetzen und abermal in die Blöfe der feindlichen Parade ftofsen: wo man hingegen die Retirade vorausfieht, fo kann die Finte fogleich mit dem Einrücken verbunden werden.

§. 147.

B. Das Zurücken oder Nähern in der Parade ift das bequemfte Mittel, in die Menfur zu kommen, oder felbe zu erfetzen. Unter allen andern Arten des Avanzirens behauptet es den Vorzug, und zwar deswegen, weil der Feind, da er im Ausfall begriffen ift, nicht fogleich zurückgehen kann. Jedoch kann es nur in folchen Fällen gebraucht werden, wo der Feind die Parade nicht verhindern kann; d. h. 1) wenn er die Finte macht oder nur halb ausftöfst, oder 2) der Stofs nach der Menfur gerechnet nicht treffen, und mit wenig Kraft parirt werden kann. Da zu diefer Parade der Arm etwas angezogen wird, fo hüthe man fich, die feindliche Schwäche zu verlieren.

Anm. Auch mit der Finte läfst fich die Menfur erfetzen oder erfchleichen, allein weil der Feind leicht ins Tempo ftofsen kann, fo ift diefes nicht anders anzurathen, als wenn weder ein Tempoftofs, noch ein Vorhalten zu befürchten, fondern der Feind einzig auf die Vertheidigung bedacht ift.

§. 148.

§. 148.

Wenn man ein folches Einrücken mit der Parade gewahr wird, fo ftofse man, im Fall der Feind dadurch die Menfur blos erfezt, nach einer vorgemachten Finte: will er aber erft in die Menfur ein- rücken, fo mufs ich mich bei dem Stofs vorfchieben. In unvermu- theten Fällen der Art mufs man, wie gewöhnlich, den Stofs pariren, oder mit beiden Füfsen zurückfpringen.

§. 149.

II. Von dem Pariren mit Veränderung des Lagers.

Da der Feind die Spitze feines Degens gegen meinen Körper richtet, und diefelbe vermöge des Ausfalls in gerader Linie aus- ftöfst, fo folgt, dafs auch das Voltiren und Giriren als Parade gebraucht, oder damit verbunden werden kann. Der Volte bedient man fich gewöhnlich gegen inwendige Stöfse, oder mit der Kava- tion gegen folche, die zwar von auffen, aber mit einem Winkel auf mich zu laufen. Je fchärfer der Stofs meine Bruft fafst, defto ftärker mufs ich den Körper durch die Volte drehen, jedoch nicht eher, als bis der Feind mit der Klinge fchon fo weit fürgerückt ift, dafs ihm in eine Finte zu wechfeln, ohnmöglich wird; denn fonft ftünde ich in Gefahr, vom Rücken her getroffen zu werden. Es beruhet auf der Gefchicklichkeit eines Fechters, ob er den Nachftofs fogleich voltiren, *) oder aber die Volte blos mit der Parade verbin- den und zum Stofs feitwärts gegen den Feind ausfallen will.

*) d. h. wenn man mit einem Kontratempo-Vorhalten voltiret.

P   Anm.

Anm. Da das Giriren, als eine Geburt der Volte, mit einerlei Würkung gegen auswendige Stöße gebraucht wird, so überlaße ich jedem das Verfahren in der Anwendung zu wechseln.

§. 150.

Insbesondere kann auf eine winklichte Quart inwendig die Quart-revers, oder wenn sie ohne Winkel gestofsen wird, Quart inwendig mit einem Winkel voltiret werden. Diese letzte findet auch gegen Sekund inwendig, und, wenn man sie auf die Kavation macht, gegen Terz statt. Vermöge der Kavation läfst sich auch gegen Quart über den Arm, in fester Quart, oder falls sie einen Winkel hat, in Quart-revers, und gegen Sekund über den Arm in Quart inwendig mit einem Winkel die Volte anbringen.

§. 151.

Mit der halben Paffade verbinde man der Regel nach nur solche Paraden, welche den Stofs nicht nieder- und seitwärts der linken Hand leiten, oder schreite bei dem Paffiren z. B. indem man gegen Quart inwendig in halb Terz und Quart, oder gegen Terz mit einem Ablaufen laffen parirt, mit dem linken Fufs nicht völlig herfür, und verrichte in demselben Tempo die Parade und den Stofs. Bei auswendigen Stöfsen über den Arm hingegen läfst es sich Kraft eines Verfallens in Quart oder Sekund fortgehen, welches allenfalls gegen inwendige feste und gehobene Stöfse angewendet werden kann. Eben so findet die Paffade auch auf eine Quart-Koupee statt, wenn man dieselbe mit der Ligade parirt.

Anm. Als Gegenlektion der Paffade mit dem Pariron, kann die Volte vortheilhaft angebracht werden.

§. 152.

§. 152.

III. Von dem Pariren mit der linken Hand.

Das bloſe Pariren mit der Hand, ob es gleich demjenigen, der daran gewöhnt iſt, und darin geübt iſt, gröſsere Bewegungen mit der Klinge (und zwar, weil er die Vertheidigung und Verletzung auf die Hände beſonders vertheilt hat) zu machen erlaubt, iſt doch nicht für immer und allzeit zu gebrauchen. Es beſtehet:

1) in dem Hinwegweiſen, wo ich nemlich die Klinge bei Stöſsen, welche unter den Arm oder mit tiefer Spitze nach inwendig zu gehen, unter den rechten Arm hinweg nach auſſen drüke. *)

2) in dem Ausnehmen, indem man den Stoſs nach inwendig von obenher gegen die linke Seite zu gleichſam herausreiſet. Tab. IV. Fig. 1. Dieſes leiſtet vorzüglich bei vorzunehmenden Volten gute Dienſte. Allein da ſowohl dieſe als jene Art zu pariren ſich im allgemeinen nur auf inwendige Stöſse; und zwar auf ſolche, die in grader Linie laufen, erſtreckt, und zu dem nur gegen einfache Stöſse ſtatt findet, **) ſo rathe ich das Pariren mit der Hand an und für ſich nur im Nothfall an, d. h. wenn der Feind, indem ich zum Stoſs ausfalle, entweder zugleich mitſtöſt oder vorhält. Von deſto gröſerm Vortheil hingegen iſt es, wenn daſſelbe im Fechten vermiſcht gebraucht wird, und man dadurch die noch unvollendete Parade mit der Klinge übernimmt und ausführt. Es geſchieht, indem man den feindlichen Stoſs mit der Klinge in gehöriger Parade zwar auffängt, aber nicht eigentlich parirt, ſondern der linken Hand gleichſam nur zuführt und zum fernern Zurückhalten übergiebt. In dieſem Fall erhält man die Klinge des Feindes nicht nur ſicherer und gewiſſer, ſondern der Nachſtoſs kann auch deſto eher erfolgen.

*) Die

*) Die Hand bekömmt diefelbe Lage, die fie bei dem Vorfetzen bei Terz (Tab. III. Fig. 4.) nimmt.

**) Deswegen befteht auch das Gegenverhalten diefer Parade in Finten, Kavationen (um die parirende Hand, nicht um die Klinge) oder wirklichen Stöfsen, wodurch man feiner Hand entwifcht, und ihn in Gefahr fetzt, gefpiefst zu werden. Ueberhaupt erhält man auch, indem der Feind bei der Hand-Parade mit der Klinge weicht, ftärkere Blöfe.

Anm. Das Vorhalten oder Vorfetzen der linken Hand hat zwar viel ähnliches mit der Handparade felbft, allein aus dem, wie und wo es ift gezeigt worden, wird man erfehen, dafs es nur eine Vorficht, und keine eigentliche Parade begründet.

§. 153.

Die Frage: ob alle Stöfse parirt werden können, wird in gewiffer Rückficht bejahend und verneinend beantwortet. Jeder Stofs hat feine Gegenparade, welche, wenn fie in gleicher Gefchwindigkeit des Stofses erfolgt, gewifs ihrem Dienfte entfpricht. Hingegen kann einem Stofs, wenn er im rechten Tempo und in vollkommener Menfur gefchieht, fchwerlich durch ein Kontra entgangen werden, es feye, dafs daffelbe in einem Verfallen des Körpers (einer Volte oder einem Giro) beftehe, ohne dabei mit der Klinge zu pariren. Wer daher feine Stöfse immer fo gegen den Feind zu richten weifs, dafs diefer gleichfam zur Parade gezwungen ift, der hat fchon den halben Sieg in Händen. Denn durch die Parade biethet er mir neue Gelegenheit zum Stofs, oder geftattet einen gemächlichen Rückzug.

Vierzehntes Kapitel.

Von dem Defarmiren des Feindes im allgemeinen.

***

Unter Defarmiren oder Entwafnen verstehet man dasjenige Begegnen, wobei ich den Feind vermöge meiner müfsigen Hand an dem Gefäfs seines Degens ergreife, und ihn dadurch in einen solchen Zuftand verfetze, in welchem er mir nicht mit dem Degen schaden kann. Es fiehet einem Ringen fehr ähnlich, und unterftellt die Abficht, dem Feinde den Degen würklich zu entreifen, *) oder nur fo lang feft zu halten, bis ich ihn verlezt habe. Ob es nüzlich ift, mag aus der Sache felbft beurtheilt werden: aber es können fich Fälle ereignen, wo Nothwendigkeit eintritt, und zwar 1) wenn uns der Feind mit fteifer Klinge ftets verfolgt, fo, dafs ich die Grenzen meiner Retirade erreicht habe oder endlich erreichen mufs, oder 2) wenn er mit langen und weiten Ausfällen vor uns liegen bleibt, wir aber nicht reteriren können oder wollen. Seine Anwendung findet nicht allein nach und in der Parade ftatt, fondern erftreckt fich auch

gegen

gegen ein festes Lager; doch gelingt es im erften Falle ficherer und leichter.

*) Nicht felten kann man auch den Feind blos durch unvermuthete und gut angebrachte Legaden entwafnen. (§. 99. u. 100.)

§. 155.

Um überhaupt defarmiren zu können, und es zum Theil auch mit Vortheil zu thun, fo mufs man fich 1) dem Feinde auf eine fichere Art fo nähern, dafs man ihn ergreifen kann. Da aber hierbei die linke Hand befchäftigt ift, fo mufs auch diefe Seite bei dem Anrücken herfürgewendet werden. Gemeiniglich dedient man fich daher der halben oder ganzen Paffade; jedoch kann man auch unter einer andern Gattung des Anrükens, oder auf das Eindringen des Feindes oder nach einem beiderfeitigen Ausfall zur Defarmade Gelegenheit finden. 2) Bei dem Defarmiren richte man foviel als möglich die Spitze des Degens gegen den Feind, damit er mich nicht felbft ergreifen, und zugleich auch unwürkfam machen kann. *) 3) Gebe man der feindlichen Klinge, die man zufolge des Ergreifens in feiner Gewalt hat, und nach Willen lenken kann, eine folche Lage, in welcher fie mit der Spitze nicht nur weit von uns entfernt, fondern auch der allenfalls zum Grund liegenden befondern Abficht entfpricht.

*) Damit auch der Feind nicht fo leicht reteriren und meine Defarmade dadurch unficher machen kann, fo fuche man ihn feftzuhalten, indem man auf einen feiner Füfse tritt.

§. 156.

Wenn man 1) gegen den Stofs die Defarmade unternimmt, fo mufs der Feind völlig ausftofsen, damit ich durch die Finte nicht betro-

betrogen werden und er nicht leicht zurückkommen kann: auch
muſs der Stoſs ſicher parirt ſein; doch iſt es gleichgültig, ob ich die
Parade insbeſondere anwende, oder aber in einem Kontratempo-ſtoſs
verbinde, ja durch leztere wird das Deſarmiren des beiderſeitigen
Ausfalles wegen noch mehr begünſtigt. Wenn ich hingegen 2) wider das Lager deſarmire, welches der Fall alsdann iſt, wenn der
Feind entweder gar nicht reteriren kann oder will, oder wenn er ſo
langſam iſt, daſs ich ihn, ehe er ſich reterirt, binden und mit der
Paſſade erreichen kann, ſo vertritt das Belegen, Heben oder Winden die Stelle der Parade, und ſichert das Anrüken. Das fernere
Benehmen geſchieht alsdann ſo, wie nach einer Parade, mit welcher
das gegenwärtige Belegen in der Lage am nächſten übereinkömmt.

A n m. Das beſondere Verfahren ſeinen Feind zu entwafnen wird in der
Folge noch dargethan werden.

Funfzehntes Kapitel.

Von dem wechselseitigen Verhalten der fechtenden Partheien.

§. 157.

Zugegeben, daſs beide handelnde Theile vollkommen gleiche Meiſter ihrer Kunſt ſind, und folglich die Handlungen, von einerlei Verſchmiztheit geleitet, ſich ohne Erreichung ihres Entzwecks vernichten, und aufheben, ſo bleibt doch nicht ſelten — faſt möcht ich ſagen — allzeit ein Unterſchied zwiſchen ihnen, der des Sieges willen zum Nachtheil des einen ausſchlagen muſs, und dieſer Unterſchied gründet ſich hauptſächlich auf die äuſſere Beſchaffenheit des Körpers, und auf die Gemüthsart.

§. 158.

I. Von dem Verhalten eines Groſsen gegen einen Kleinen, und umgekehrt.

Ein langer und ſchlanker Körper iſt ohnſtreitig zum Fechten ſehr dienlich und vortheilhaft, beſonders aber erkennt man dieſe

Vor-

Vortheile gegen einen kleinen Feind. Denn lezterer trachtet umfonft
jenen zu erreichen, wenn diefer feinen Vortheil in foweit verftehet,
dafs er, eben weil er gröfser ift, und den Leib beffer überlegen, auch
weiter reichen und eher treffen kann. An diefen Vorzug mufs fich
der Grofse ftreng halten, und vermöge deffen in dem Augenblick
eines Tempo, welches der Kleine durch Belegen oder Finte machen
giebt, zu verletzen, oder falls der Kleine anrückt, und jener von
befagtem nichts unternehmen will, das Reteriren deken. Keineswegs aber ift dem Grofsen rathfam, zu paffiren, oder den Kleinen
paffiren zu laffen: follte es fich aber von Seiten des leztern ereignen,
fo kann der Grofse mit dem Leibe feitwärts verfallen, oder die Menfur brechen, und die Spitze entgegen ftrecken. — So einleuchtend
der Vortheil der Linie von Seiten des Grofsen fchrecken mufs, fo
drohend find von Seiten des Kleinern die Würkungen felbft. Denn
die Gröfse ift fchuld, dafs man fich in Betracht des Kleinen nur langfam, und mit Oefnung weiter Blöfen bewegen, und zudem oft mit
der Klinge verfallen kann: der Kleine hingegen erhält dadurch nicht
nur beffere Gelegenheit zu verletzen, (fonderlich wenn er fich wohl
in der Menfur zu befeftigen weis,) fondern er kann fich auch leichter vertheidigen, indem feine enge Blöfe keiner Umfchweife mit der
Klinge bedarf. Er entgehet bei Paffaden der Spitze des Grofsen weit
eher, als diefer der feinigen, die ihm entfernter liegt. Was insbefondere das Ausftofsen betrift, fo würden einem Kleinen die obern
Stöfse eben fo befchwehrlich fallen, als einem Grofsen die untern:
eben fo ift auch dem Kleinen das Verfallen in Sekund, und dem
Grofsen die verhangene Sekund als Parade; und als Mittel zum Angriff erftern das Heben und leztern das Belegen und Winden am bequemften. Das Zurücken in der Parade foll fich ein Kleiner oft bedienen, theils weil er die Menfur öfterer brechen, theils fich auch
mehr befleifsen mufs, die Menfur zu ftehlen, um defto ficherer zu
treffen; denn ein geringes Zurücklegen des Grofsen benimmt ihm

Q   den

den Körper. Uebrigens aber ist es für den Kleinen gefährlich, unter
der Finte die Mensur zu erfetzen, oder mit der Finte anzurüken,
weil der Grofse in folchen Fällen ins Tempo ftöfst.

*II. Von dem Verhalten eines Starken gegen einen Schwa-
chen, und umgekehrt.*

Die Vorzüge, die ein Starker gegen einen Schwachen fowohl
im Pariren als Stofsen hat, werden fchon durch den Vergleich unferm Gedächtnifs wachend. Doch traue man nie zuviel feiner Stärke,
denn eben fie kann das Gängelband zum Sturz fein. Daher mäfsige
man diefe eingenaturte Force in den Bewegungen, und gehe immer
ganz behutfam und fanft an die Klinge des Schwachen, damit man
fich nicht mit der Klinge verfalle, (§. 119. in der Note) und man
auch fühlen kann, ob das Belegen wirklich gefchieht, oder ob der
Gegner durchgehet, und ins Tempo ftöfst. Ein Schwacher hingegen, wenn er reuffiren will, mufs des Starken Klinge allzeit meiden,
und fich nicht von derfelben ergreifen laffen: noch weniger aber
fich dem Starken zuviel nähern oder deffen Stöfse blos mit der Klingen pariren wollen, fondern denfelben mehr mit Verfallen und Zurückziehen feines Körpers entweichen. Zu eignen Gunften fuche
ein Schwacher immer die Spitze dem Feinde entgegen zu richten
und vorzuhalten, und zwar aus der weiten Menfur: dabei kann er
ihm mit falfchen Blöfen fchmeicheln, und auf die fallenden Stöfse,
gegen die fich ein Schwacher der Kavation fehr vortheilhaft bedient,
(§. 85.) einen Gegenangriff verfuchen.

§. 160.

III. Von dem Verhalten gegen jähzornige und aufbrausende Feinde.

Zorn macht uns an Rath und Zucht vergeſſend, ſo wie übertriebene Hitze uns den Nachtheil nicht eher ſehen läſst, bis daſs wir uns dem kaltblütigen Gegner aufgeopfert haben. Hat man daher mit einem ſolchen leidenſchaftlichen Feinde zu thun, ſo reize man ihn durch falſche Angriffe, damit er auf uns losſtürmt: alsdann laſſe man ihn müde toben, und ſuche ihn blos durch Pariren noch mehr zu erhitzen, bis daſs man eine günſtige Gelegenheit zu treffen erſiehet. Meiſtens lieben ſolche Gegner die überſchrittene Menſur, in die ſie mit wilden Stöſsen eilen: man bedient ſich daher öfters der weiten Menſur, aus welcher man ſodann ſtarke Blöſe giebt, die jene wegen brauſender Begierde nicht durch ein gemächliches Anrücken, ſondern durch lange Ausfälle, wodurch ſie ſich leicht verfallen, zu erreichen trachten. Hingegen meide man, ſelbſt auf ſolche loszugehen, indem ſie gerne vom Fechten in das Ringen überſchreiten und ſo uns die Vortheile des Degens rauben.

§. 161.

IV. Von dem Verhalten gegen einen Furchtſamen. etc.

Hat man mit einem Furchtſamen, Trägen, oder einem Schleichfuchſe (mit welcher Benennung man denjenigen zu belegen pflegt, welcher mit tückiſchen Weſen ganz ſtill dem andern eine Schwäche ablauert,) angebunden, ſo kann man zwar immer herzhaft, jedoch mit Vorſicht angreifen; denn man glaube ja nicht, daſs das Einjagen der Furcht hier das einzige Mittel ſei, den Feind zu überwinden. (vorherg. §.) Auf ihre zu widerhohlten Finten bediene man ſich der Baſtardſtöſse und Kreuzhiebe nach dem Geſichte, wegen deren

Q 2   Parade

Parade fie fich ftark entblöfen. Uebrigens verberge man fein Vorhaben möglichft, und laffe fich durch ein unftätes Lager nicht zu
unnöthigen Bewegungen verleiten.

§. 162.

Ein anderer Unterfchied zwifchen zwei Gegnern kann in
Rückficht der Art zu fechten Plaz nehmen, und dem einen
gegen den andern aus dem allgemeinen Verfahren doch immer ein
befonderes Verhalten herfürzufuchen nöthig machen, wodurch er
feinen Zuftand begünftigt. So kann

V. Der Fall eintretten, dafs man einen Gegner findet, welcher
in der linken Hand einen Dolch oder Stock zum Pariren führt. Sie
halten denfelben in der Gegend des Unterleibs, neigen ihn mit dem
Gelenke der Hand nach der rechten Seite zu, und fangen fo die
meiften Stöfse auf, und leiten diefelben entweder über der linken
Schulter, oder unter dem rechten Arm hinweg. Die rechte Fauft
liegt ftets mit dem Degen geftreckt, kümmert fich nicht um die Parade, fondern bewegt fich nur in dem Moment derfelben zum Nachftofs. Gegen folche Feinde verhält man fich überhaupt, wie gegen
einen, der blos mit der linken Hand parirt: (§. 152. in der Note.)
insbefondere aber kann man aus der Menfur mit einer Finte oder
halben Stofs in Quart inwendig angreifen, will alsdann der Feind
diefen Stofs mit dem Dolch entweder über feiner Schulter, oder unter dem rechten Arm hinweg leiten, fo kavirt man im erften Fall von
der linken nach der rechten gegen inwendig, im andern von der
rechten nach der linken ebenfalls nach inwendig über den linken
Arm zu, um den Dolch herum, und ftöfst eine voltirte fefte Quart.

§. 163.

§. 163.

VI. Einige halten den Degen mit beiden Händen, und zwar in folgender Stellung: daſs ſie das rechte Knie biegen, und das linke ſtrecken: die Fäuſte mit geſtreckten Armen vorwärts über das rechte Knie in der Höhe des Unterleibs ſetzen, dabei die Degenſpitze erheben, und auf dieſe Art die feindlichen Stöſse (meiſtens mit Kaviren) abwenden. Bei dem Nachſtoſs laſſen ſie die linke Hand los, und ſtoſsen bloſs mit der rechten, wie gewöhnlich. Einem ſolchen begegnet man im allgemeinen mit einem Durchgehen nach der einfachen Kavation, oder man ſucht ihn durch Finten und halbe Stöſse irre zu führen. Insbeſondere kann man ihm auswendig in Sekund eine Finte machen, und bei ſeiner Parade in Sekund inwendig fortſtoſsen, oder auch nach Gutbefinden die Fauſt während des Durchgehens in Quart wechſeln. Sollte er auch da pariren und Quart inwendig nachſtoſsen, ſo gehe man unter die Klinge in Sekund mit einem Schlage von unten hinauf, und ſtoſse in gedachter Wendung unter den Arm.

§. 164.

VII. Von dem Verhalten gegen unregelmäſsige Fechter.

Alle diejenigen, welche bei dem Fechten nicht nach Regeln der Kunſt handeln, ſondern ganz natürlich, meiſtens mit vollen Kräften, auf den Feind losſtoſsen, werden Naturaliſten genannt. Es geſchieht oft, daſs ſie, unkundig in der genauen Kenntniſs der Blöſe, ohne ſolche zu haben, ſtoſsen, oder dieſelbe nicht mit dem gehörigen Stoſs angreifen. Im erſten Fall wäre eine Parade unnöthig, weil das Lager deſſen Stelle ſchon verſieht, und man kann, ſobald er zurückgehet, nachſtoſsen: im andern Fall hingegen muſs man, und zwar nach vorliegenden Umſtänden pariren. Demnach

nach bediene ich mich gegen jenen, der in einem Ausfall wie-
derhohltermal oder mit Finten ausstösst, solcher Paraden,
wodurch ich mich weniger mit der Klinge verfahre. Man lagere
sich dabei mit niedriger Faust und geseztem Leibe, damit seine
Stofse sämmtlich über der Klinge erfolgen, und parire auswendig in
Quart und inwendig in halb Terz und halb Quart zu festen Nach-
stöfsen. Doch müssen diese Paraden alsdann etwas weitläufig gemacht werden, wenn die unterstellten Stöfse einen starken Winkel
zur Seite haben. Da übrigens der Feind der öftern Stöfse willen
unserer Klinge weniger Gewalt dabei anthun, noch weniger auf die
Finten feste stofsen kann, so ist in diesen Fällen die Kavation selten
zu gebrauchen. Wenn hingegen der Feind in einem Ausfalle
nur einmal und zwar ohne Finten ausstöfst, so lagere
man sich wie gewöhnlich, *) und vertheidige sich gegen flüchtige Stöfse über der Klinge mit einfachen Paraden, und nach
Gelegenheit mit Battuten auf der Stelle, oder, wenn es feste
Stöfse sind, mit Kavationen, Legaden, Battuten oder Ablaufen-
lassen. Greift er inwendig unter der Klinge, und zwar mit
einem solchen Stofse an, welcher keine starke Neigung nach
der aussen Seite hat, so kann man ihm in verhangener Quart
oder Sekund mit steifen Arm entgegnen, und mit Vorsetzung der
Hand inwendig nachstofsen: bei einem widerfallsigen Stofs
aber mufs ich den Arm anziehn, und in gleichnahmigten Paraden
die Klinge auswendig vorbei leiten. Wegen der natürlichen Beschaffenheit des Stofses, indem er schon nach aussen zu gerichtet ist,
kann die Legade, zumal wenn sie stark gegeben wird, nicht vortheilhaft würken. Desto besser hingegen ereignet sich zur Legade
ein gerader Stofs von der auswendigen Seite her: hat er
aber eine scharfe Richtung nach inwendig, so tritt die
Parade mit verhangener Sekund ein, wodurch der Stofs von
aussen nach inwendig geführt werden mufs.

*) Denn

*) Denn ein niederes Lager wäre hier nicht nur unnöthig, fondern alsdann, wenn der Feind mit hoher Fauſt ſtieſe, im Parixen hinderlich.

§. 165.

Der Gebrauch der Finte gegen Naturaliſten äuſſert ſich vorzüglich alsdann mit Vortheil, wenn der Feind etwas b e h u t ſ a m iſt. Denn in dieſem Fall pflegt er bei Stöſen doch nicht gelaſſen zu bleiben, ſondern verfährt ſich gewöhnlich, da er ganz regellos handelt, mit einer Art von Parade, wodurch wohl eine weite Blöſe geöfnet, keineswegs aber der Stoſs ſelbſt parirt werden kann. Bei wilden Feinden hingegen, die auf nichts achten, dient die Finte blos zum Erforſchen, und zwar hauptſächlich, weil der Feind bei vollen Ausſtoſsen, wodurch man ſeine Klinge nicht zugleich bindet, leicht mittreffen kann. Dieſes iſt auch Urſache, warum man gegen die Stöſe nach dem Unterleib nicht ſicher kontratempo ſtoſen kann. *) Dagegen aber läſst ſich dieſes faſt bei allen Stöſen nach dem Oberleib anwenden, weil er bei dem geringen Heben der Fauſt hier allzeit Blöſe giebt, und man ſtöſt inwendig gemeiniglich anf der Stelle in Quart, und auswendig, je nachdem die Spitze höher oder mittelmäſig liegt, zuweilen in Sekund, zuweilen in Terz.

*) Deswegen verwerfen auch einige das Kaviren; allein es kann dieſes doch nicht als allgemein gelten, ſondern es findet bei nicht gar zu niedern Stöſen vermöge eines mehr zuſammengeſezten Leibes immer noch ſeine Anwendung.

§. 166.

Was endlich das Deſarmiren gegen Naturaliſten betrift, ſo iſt daſſelbe zwar in dem Fall, wo der Feind in einem Ausfalle fortgeſezt ſtöſst, beſchränkt, (es wäre denn, daſs man ihn an Fertigkeit überträfe,) übertträfe,) jedoch kann es auch dann gebraucht werden, wenn sich der Feind im Ausfalle überschreitet, oder im Angehen zu hitzig, und im Reteriren zu langsam ist. Uebrigens aber wähle man nur solche Desarmaden, welche aus einfachen Paraden entspringen, weil sich durch leztere der Weg zu erstern am sicherstern bahnen läfst.

§. 167.

VIII. Von dem Verhalten eines Rechten gegen einen Linken.

Das Verfahren, auf die linke Hand zu fechten, ist nicht sowohl Bedürfnis, zu können, als zu kennen, *) indem sonst der Rechte schwehrlich durchsetzen würde. Denn da der Hauptvortheil der Stärke und Schwäche, wie auch die eigene Bedeckung bei dem Ausstofse jederzeit zum Grund gelegt werden mufs, so ist nothwendige Folge, dafs das ganze System der Stöfse einer Aenderung unterworfen bleibt. Deswegen mufs der Rechte, wenn sich auf Seiten des Linken die Lage der Klinge so ereignet, dafs, wenn dieser Lage die rechte Hand unterstellt sey, man eine gewisse Blöfe erkennte, einen solchen Wechsel treffen, dafs er mit jenen Stöfsen, womit er den Rechten auswendig angegriffen hätte, den Linken hier inwendig angreift, und eben so bei festen Stöfsen die Winkel gegen die inwendige Seite der feindlichen Klinge richtet, als sie dort gegen auswendig hätten gerichtet werden müffen. Diefer allgemeinen Regel zu folge mufs daher statt Quart in- und auswendig in Sekund, statt Sekund in Quart; statt Terz Quart-revers oder in halb Terz und halb Quart; und anstatt Quart-revers in Terz oder Sekund geflofsen werden. Quart und Sekund unter den Arm wechseln nicht in Rücksicht ihrer Blöfe, wohl aber unterscheiden sie sich nach der Lage, dafs man nemlich hier bei erfterer von auswendig, bei lezterer von inwendig der feindlichen Klinge abgehet.

(§. 64.)

(§. 64.) Hieraus läſt ſich nicht allein einſehen, wie man die allenfallſigen Finten mit einander verbinden, ſondern auch, da der Linke mit einer gleichmäſsigen Verwechslung der Stöſse die Blöſen benuzt, wie man nothwendig pariren muſs. Uebrigens kann unter den gehörigen Aenderungen jedes andere Verfahren gegen einen Linken angewendet werden.

*) Denn es kann der Fall eintreten, daſs jemand blos auf die linke Hand
ficht, oder im Fechten mit den Degen auf die Fäuſte wechſelt.

§. 168.

Ein dritter Unterſchied in dem Verhalten liegt in den Waffen ſelbſt, welcher ſich beide gegen einander bedienen, oder gegen welche ſich der eine mit dem Degen vertheidigen muſs. Wenn daher der Nothfall eintritt,

IX. Sich mit einem Stofsdegen gegen einen Hieber zu ſchützen, ſo ſetze man ſich auſser der Menſur in ein enges und geſchränktes Lager, §. 49.) ſchmälere ſeinen Leib, und lege ſich in verhangener Sekund mit etwas angezogenem Arm aus, jedoch nicht an des Feindes Klinge. Da der Stofs dem Hieb an Geſchwindigkeit vorangehet, ſo kann man, während jener aushohlt, eilig mit einem flüchtigen Stofse auf den andern loseilen, und, ehe ſein Hieb noch herabgleitet, mit der Parade entgegen harren. Scheuet man aber dieſes Ausſtofsen ins Tempo, ſo decke man mit der Stärke der Klinge den Ort, wornach jener hauet, parire, und ſtofse nach. Auf dieſe Art verfährt man gegen einen Kopfhieb, indem man dem Hauenden die Fauſt ſo entgegenwendet, daſs die Nägel nach ihm zu ſtehen, und die Klinge mit etwas verhangener oder erhobener Spitze, je nachdem der Hieb von der Linken oder Rechten fällt, den Kopf und die Schultern durch die bezogene Querlinie ſchüzt. Nach

R

dieſer

diefer Parade kann man fogleich zu einem Nachftofse in Sekund anrücken.   Bei Seitenhieben kann man in verhangener Sekund mit
fteifen Arm den Leib durch die fenkrechte Linie decken, und
gleichfalls Sekund nachftofsen.   Haut aber der Feind nach dem
Schenkel, fo mufs ich fogleich den Fufs zurücknehmen, und ihn
mit einem Quartftofs über den Arm wieder herfürfetzen. Wer insbefondere feinen Feind an Fertigkeit übertrift, der kann auch alsdann, wenn nach dem Arm von inwendig her feitwärts gehauen
wird, mit dem Arm den Hieb kaviren, oder denfelben zurückziehen, den Degen in die linke Hand nehmen, und fo vermöge der
halben Paffade mit einem Stofs anrücken.

§. 169.

X. Hat man gegen einen Spiefs oder aufgepflanz-
tes Bajonet der Vertheidigung des Degens vonnöthen, fo entgegne man mit der Stärke der Klinge, und leite den Stofs durch
ein feftes Schlagähnliches Entgegenfetzen und vermöge einer Volte
an meiner inwendigen Seite vorbei, und greife mit der linken Hand
über meinem rechten Arm hinweg nach dem Spiefs, damit ich dergeftalt mit einem Ausftrecken der Klinge den Feind erreichen, oder,
ohne den Spiefs fahren zu laffen, mit einem Ausftofs näher rücken
kann.

§. 170.

Endlich ift noch zu bemerken, dafs, im Fall uns während dem
Fechten die Sonnenftrahlen in das Geficht fallen, und blenden, man
fich bei dem Stofsen öfters der Volte bediéne, um dadurch den andern zum Zirkuliren zu bewegen, und vermöge deffen ihn darein,
oder mich wenigftens daraus zu verletzen. — Bei Nachtattaquen,
wel-

welche sich nicht leicht bei Fechtenden freiwillig, jedoch aber bei unvermutheten Anfällen ereignen, sind die Paraden, wodurch der Körper durch eine senk - oder wasserrechte Linie der Klinge gedeckt wird, die besten.

Sech-

Sechzehntes Kapitel.

Gänge und Lektionen zur eigentlichen Uebung.

Vorerinnerung. Es dient dieses Kapitel sowohl, um das theoretische Verfahren bei der Anwendung in einer blos praktischen Kürze zu übersehen, als auch die Theorie selbst zu prüfen, und sich eigner zu machen. Ich habe daher diese Gänge nur mit Grundlinien entworfen, und überlasse die nähere Ausbildung, stärkere Verwickelung, oder noch vortheilhaftere Ausführung dem Uebenden selbst. Da ein Fechtgang in wechselseitigen Handlungen besteht, welche bis zu einem Ruhepunkte fortdauern, so habe ich deswegen die Touren nach ihrem Endstofs geordnet. Ohnehin wird dadurch auch jedem Fechter die Wahl erleichtert, sich solche Gänge eigen zu machen, bei deren Endstofs er sich seinen persönlichen Verhältnissen nach besser begünstiget sieht. Ferner lassen sich Lectionen mit Lectionen leichter in Vergleich setzen, so, dafs ich also nicht nöthig habe, die Gegenlectionen besonders zu bezeichnen. Wenn der Endstofs einer Tour durch die Parade unwirksam gemacht, und folglich eine abermalige Tour angeknüpft wird, so kann der

lezte

lezte Stofs der erftern entweder den Anfang zu einer neuen und von der vorigen verfchiedenen Lection geben, oder aber der blofe Leitfaden zur Wie-
derhohlung werden. Im leztern Fall ift es allzeit nothwendig und zwar, damit dem Feind das Ausforfchen nicht gelingt, dafs man fowohl die felbft-
eignen Stöfse als Paraden, zwar an fich als diefelben, jedoch unter andern
Umftänden wiederhohlt. Diefe Verfchiedenheit der Umftände aber läfst fich
theils durch Finten, theils durch das mancherlei Pariren bewirken. Insbefondere will ich von der Legade und Battute noch erinnern, dafs diefe nicht
zu oft, noch weniger aber einzig und allzeit auf einen beftimmten Stofs,
und nie eher, als bis man des Feindes Klinge ficher gepackt hat, erfolgen.
Will man Nachftöfse legiren, fo mufs es im Zurückgehen gefchehen, hat
man aber fchon einmal legirt, und es ereignen fich von neuem diefelben Umftände für die Legade, fo kann man fich der Windung ftatt derfelben als
Finte bedienen.

Erfter

Erſter Abſchnitt.

Gänge zu Sekundſtöſsen.

§. 171.

I. Sekund über den Arm.

1) Liegſt du mit geſtreckter Klinge deinem Feinde entgegen, und er ſucht durch das inwendige Belegen dein Lager zu ſtöhren, ſo gehe ſogleich durch und ſtoſse ihm Sekund über den Arm.

2) Wenn der Feind Quart auswendig mit wenig gehobener Fauſt ſtöſst, ſo parire dieſelbe in halb Quart, ſo, daſs du Sekund über den Arm nachſtoſsen kannſt.

3) Stöſst dein Gegner Quart inwendig mit niederer Fauſt, ſo legire auf der Stelle und entgegne mit Sekund über den Arm.

4) Schlage die Klinge deines Feindes, wenn er Quart auswendig ſtöſst, durch die Battute auf der Stelle nieder, und ſtoſse Sekund über den Arm nach.

5) Wenn

5) Wenn dein Feind Blöſe zu Sekund unter dem Arm giebt, ſo zeige ihm dieſelbe, gehe aber, ſo bald er den Stoſs ausheben will, unter der Fauſt hindurch, und ſtoſse über den Arm.

6) Wenn du deinen Feind auswendig belegen wilſt, und er ſtöſst mittelſt einer gemachten Volte Quart inwendig, ſo parire dieſe mit deiner linken Hand unter dem Arm nach deiner rechten zu hinaus, und vollbringe a Tempo einen Sekundſtoſs über den Arm.

7) Oefne deinem Feinde Blöſe zu Quart über den Arm, und indem er ausſtöſst, hebe deine Fauſt hoch in Sekund, und ſtoſse über den Arm kontra Tempo, Zur Vorſorge bringe man hier die linke Hand gegen und unter dem rechten Arm herfür.

8) Gehe mit wohl eingeſchränktem Leibe auſſerhalb der feindlichen Klinge, ſo, daſs du dabei deine rechte Seite unter dem Arm entblöſseſt; wird alsdann der Feind eine Sekund dahin ſtoſsen wollen, ſo merke aufs Tempo, legire ihm, indem er ſtöſst, auf der Stelle die Klinge nach deiner rechten hinweg, und ſtoſse mit oder ohne Paſſade Sekund über den Arm nach.

9) Belege deinen vorhaltenden Feind auswendig mit der Schwäche deiner Klinge in Quart, dabei ziehe dich in etwas zurück, und laſs die linke Hand ein wenig herabſinken, damit du alsdann, ſobald der Feind Quart inwendig ſtöſst, deſto leichter dieſen Stoſs mit der linken Hand unter deinem rechten — während Zeit gehobenen Arm hinaus weiſen, und Sekund a Tempo über den Arm entgegen ſtoſsen kannſt.

10) Thue

10) Thue einen halben Stofs in Quart inwendig, und wenn dir der Feind eine winklichte Parade entgegen fezt, drehe die Fauft in Sekund, und stofse auswendig über den Arm.

11) Hat dich dein Gegner innerhalb deiner geftreckten Klinge belegt, fo lasse die Spitze gefchwind finken, und belege ihn auswendig; mache einen halben Terzftofs, und ftofse, wenn der Feind unten hindurch gehet, um von neuem innerhalb zu binden, oder auf ähnliche Art zu pariren, Sekund über den Arm mit der Kavation.

12) Wenn dein Feind unter deiner Klinge, mit welcher du dich in gerader Terz gelagert haft, durchgeht, und mittelft einer Volte eine defto fichere Quart inwendig zu ftofsen gedenket, fo ziehe deinen rechten Fufs ein wenig zurück, und fchleudere mit einer Legade feinen Stofs auf die Seite, damit du Blöfe zu Sekund über den Arm erhältft.

13) Stelle dich mit gefchränktem Leibe und belege deinen Feind inwendig, kavirt er, fo kavire mit, auf dafs du innerhalb wieder zu liegen kömmft, und gieb zugleich auswendige Blöfe: fobald er nun in diefelbe flöfst, fo parire mit einem kleinen Vorrücken des rechten Fufses, dadurch wird feine Klinge um fo fchwächer, und ein Sekundftofs über den Arm erfolgt von deiner Seite defto leichter und gewiffer. (Sollte jedoch der Feind bei der Parade in die Höhe fahren, fo ftofse Sekund unter den Arm.)

14) Wirft du in einem langen Lager von deinem Gegner innerhalb gebunden, fo wende die Fanft in Sekund, wodurch du der Bildung quitt wirft; fobald er alsdann wieder nach innen zu gehen Bewegung macht, fo kavire und ftofse Sekund über den Arm.

15) Will

15) Will dich dein Gegner faft mit der Stärke feiner Klinge innerhalb an der Schwäche belegen, fo gehe in demfelben Tempo, wo er an deiner Klinge anzuruhen glaubt, durch, paffire gefchwind mit dem linken Fufs herfür und ftofse Sekund über den Arm.

16) Belege deinen langgelagerten Feind faft in der Mitte feiner Klinge, fchränke dich dabei wohl ein, und indem er durchkaviren will, fo gehe in demfelben Tempo mit Sekund über feinen Arm mittelft einer Paffade, und ftofse Sekund; halte aber die linke Hand bereit, um dem Feinde, falls er eine Volte entgegen machen follte, unter deinem rechten Arme die Klinge hinauspariren zu können.

Paraden gegen Sekund über den Arm. 1) Halb Terz und halb Quart nach auswendig. 2) In Quart nach aufsen und niedrig. 3) Das Verfallen in Sekund hoch, oder die auf folche Art angebrachte Batutte auf der Stelle. 4) Die Windung.

§. 172.

II. Sekund unter den Arm.

1) Stöfst dir dein Gegner Quart auswendig, fo parire in die Höhe, welches auch durch einen Schlag von unten hinauf gefchehen kann, und ftofse Sekund unter den Arm nach.

2) Parirt dein Feind die Terz flüchtig oder fimpel in die Höhe, fo mache eine Terzfinte, und ftofse Sekund unter den Arm: hebt er diefe aus; fo gehe mit eben diefem Stofse über den Arm, und, wenn er dagegen in die Höhe fährt, fo ftofse unter dem Arm aus.

8

3) Legirt

3) Legirt der Feind auf die Quart-Koupee-Finte, so zeige ihm Quart über den Arm, und fährt er dagegen hoch, so stosse Sekund unter den Arm nach.

4) Streiche Quart inwendig; auf den Druck deines Feindes gehe durch, streiche Terz und stosse, indem er mit dem Ablaufen-lassen parirt, Sekund unter den Arm.

5) Stösst der Feind gegen deinen halben Stofs in Quart inwendig auf gleiche Art ins Tempo; so streiche ihm kontra Tempo mit Terz, und stofse Sekund unter den Arm.

6) Fintirt der Feind auswendig in Quart, um innerhalb Blöse zu bekommen, so öfne man ihm dieselbe; legire alsdann den Stofs, und verfolge ihn mit Sekund unter den Arm.

7) Liegt dein Feind in gerader Terz vor dir, so stringire ihm seine Klinge innerhalb, und stelle dich mit geschränktem Leibe; mache ihm sodann eine Finte in Quart inwendig, und greift er in verhangener Sekund dagegen, so stofse Sekund unter den Arm nach.

8) Wenn dein Feind bei der Sekund inwendig aushohlt, d. h. den Arm anziehet, so kavire während dieser Bewegung über der Klinge hinweg, und stofse Sekund unter den Arm a Tempo.

9) Wenn dein Gegner vorhält, und, indem du ihn innerhalb gebunden haft, einen Stofs über den Arm auf dich wagt, so parire denselben mit der linken Hand oberhalb deines Armes hinaus, welches mittels der halben Paffade leicht erfolgen kann; und stofse zugleich Sekund unter den Arm.

10) Wird

10) Wird dein Gegner innerhalb mit feinem linken Fufs auf dich hineintretten, und in Quart inwendig ftofsen wollen, fo habe acht; fetze dich, indem er ftöfst, gefchwind zufammen, kavire in Sekund unter feiner Stärke hinweg, fo, dafs dadurch feine Klinge auf der deinigen zu liegen kömmt, paffire, und ftofse Sekund unter den Arm.

11) Wenn dein Gegner gern über den Arm ftöfst, fo merke auf, und indem er ftöfst, fo parire auswendig in verhangener Sekund mit hoher Fauft, paffire, und ftofse Sekund unter den Arm.

12) Liegt der Feind in einem gedeckten Lager, fo belege ihn ftark inwendig, und wenn er durchgehet, mache ihm in Sekund eine Finte nach dem Gefichte: greift er nach derfelben, fo paffire und ftofse Sekund unter den Arm.

13) Verleite deinen Feind, dafs er Quart inwendig ftofsen mufs; in dem Nu feines Stofses falle mit dem hintern Fufs auf das Knie, und wende die Spitze deines Degens in Sekund gegen deinen Feind; auf diefe Art wirft du unter den Arm treffen, und des andern Klinge über dich hingeleitet fehen. Die Franzofen nennen diefen Gang le Plangeon oder den Taucer.

14) Gieb deinem Feinde Blöfe zur Quartrevers, und, wenn er ftöfst, fo ftofse ihm die Sekund über den Arm vor; (wobei man fich aber gegen das Vorhalten mit der linken Hand decken mufs,) fährt er hingegen fogleich in die Höhe, fo ftofse Sekund unter den Arm.

Paraden gegen Sekund unter den Arm. 1) Mit verhangener Sekund, mit der Windung, oder Legade nach auswendig. 2) Mit dem Ausheben oder der Batutte nach inwendig.

§. 173.

§. 173.

III. Sekund inwendig.

1) Laß die Terz deines Feindes ablaufen, und stoße ihm inwendig Sekund nach.

2) Will dein Feind deine Klinge auswendig in Terz belegen, so gehe ungesäumt durch, und stoße Sekund inwendig ins Tempo.

3) Solte der Feind die inwendige Quartfinte nicht auf der Stelle legiren, sondern in die Höhe pariren, so zeige ihm Quart-koupee, weiche der feindlichen Legade sogleich aus, und stoße Sekund inwendig.

4) Liegst du in dem mittlern Terzlager, und dein Feind belegt dich inwendig, so leide es, schicke dich aber, sobald er dir Quart inwendig stoßen will, zur Parade mit deiner linken Hand, greife mit derselben den Stoß unter gleichzeitiger Bildung einer Volte aus, und stoße a Tempo Sekund inwendig.

5) Greife auswendig mit einer Finte in Quart oder Sekund an, und wenn der Feind nach außen zu parirt, so stoße Sekund inwendig nach.

6) Liegt dein Feind in Sekund, so gehe ihm mit Terz außerhalb, und wenn er um zu kaviren die Spitze sinken läßt, stoße ihm Sekund inwendig ins Tempo.

7) Gieb deinem Feinde Gelegenheit zu Terz, und lasse diesen Stoß sodann ablaufen; mache zugleich eine Volte, erhebe die Klinge zur Batutte, und stoße Sekund inwendig nach.

8) Thue

8) Thue einen halben Quartſtoſs nach inwendig, ſo daſs dein Gegner zu einem ähnlichen Stoſs Blöſe erhält; ſtöſst er alsdann, ſo hebe ihm die Quart nach deiner linken zu hoch, verſenke die Spitze deines Degens, und paſſire mit Sekund nach inwendig fort.

Paraden gegen Sekund nach inwendig. 1) Mit dem Ausheben, oder der Batutte nach der linken zu. 2) Mit der gewundenen Sekund aufwärts nach der rechten.

Zweiter Abschnitt.

Gänge zu Terzstössen.

§. 174.

I. *Terz über der Klinge, und dem Arm.*

1) Belege deinen Feind auswendig in Quart, und stosse ihm Terz über seiner Klinge hinein.

2) Entblöse dich innerhalb, und wenn dein Feind daselbst bindet, so hebe geschwind über dessen Klinge, und stosse über der halben Stärke mit Terz auf ihn zu.

3) Liegst du mit langer Klinge vor deinem Feinde, und derselbe stringirt dich innerhalb, so mache dich durch ein geringes Sinken der Spitze deines Degens von dessen Bindung frei, erhebe aber dieselbe geschwind wieder, und stosse oberhalb seiner halben Stärke Terz.

4) Stösst

4) Stößt dir dein Feind außerhalb voll aus, so entgegne ihm mit Terz kontra-Tempo.

5) Wenn dein Gegner hoch vorhält, so mache ihm eine Finte in Quart nach dem Gesichte, und stoße ihm auf die Parade Terz über der Klinge.

6) Streichet dir der Feind auswendig in hoher Sekund, so winde ihn sogleich von der rechten nach der linken zu herum, und stoße über der Klinge hinweg mit Terz, die man jedoch alsdann, wenn der Feind die Faust sinken läßt, in Sekund über den Arm wechseln muß.

7) Gieb außerhalb über deinen rechten Arm Blöse, wird dich alsdann dein Feind daselbst binden, so schlage ein wenig mit dem vordern Fuß auf, mache zugleich eine Finte in Quart inwendig fast unter seiner Stärke, und stoße, so wie er nach derselben greift, mit Durchgehen Terz über der Klinge.

8) Stößt dir dein Gegner Quart-koupee, so lasse sogleich deine Klinge in Quart nach der inwendigen Seite zu fallen, winde und stoße Terz über der Klinge.

9) Parirt dein Feind die Quart-koupee mit der Windung, so stoße Terz über der Klinge nach.

10) Gehet dein Feind außerhalb deiner Klinge, so lasse die Spitze deines Degens fallen, und belege ihn inwendig: sobald er wieder durchgehet, und abermals außen belegen will, so stoße ihm während diesem Tempo Terz über den Arm.

11) Merke

11) Merkeſt du, daſs dein Feind von innen nach auſſen über-heben will, ſo achte wohl auf das Tempo, und ſtoſse Terz über den Arm.

12) Wenn dein Feind mit fliegender Klinge unter der deinigen ſich befindet, ſo verwende deine Klinge in Prim, wodurch er zu einem feſten Lager gezwungen wird, ſtringire ihn zugleich damit ſo, daſs er über den Arm Blöſe erhält, und ſobald er alsdann in dieſelbe ſtoſsen will, entgegne mit der obern Terz.

13) Liegſt du mit langer Klinge, und dein Feind belegt dich innerhalb, ſo tritt während ſeiner Bewegung mit dem linken Fuſse enge zu, Klinge und Oberleib aber ziehe etwas zurück, und verfalle in ein unteres Terzlager, und zwar ſo, daſs dabei Blöſe nach inwen-dig entſteht; wird alsdann der Feind mit ſeiner Klinge der deinigen nachgeben, um von neuem zu belegen, ſo greife den Stoſs mit der linken Hand aus, und ſtoſse Terz.

14) Liegt dein Feind ſehr ſteif vor dir, ſo ſetze mit Terz an, brich oder winde durch, und ſtoſse Terz über den Arm.

15) Binde deinen Feind auſſen, kavirt er, ſo kavire mit, und ſtoſse Terz über den Arm.

§. 175.

II. Terz unter der Klinge.

1) Zeige eine Finte in hoher Quart auswendig, und verführe damit zu Sekund unter den Arm, parire dieſelbe mit der Legade, und ſtoſs Terz unter der Klinge nach.

-2) Stoſse

2) Stofse deinem Feinde Quart inwendig, fo, dafs er dir leicht
Quart - revers nachftofsen kann; fo bald er es aber thut, und die
linke Hand nicht gehörig vorfezt, fo wende deine Fauft gefchwind
unter feiner Klinge in Terz, und richte deren Spitze ftark nach ihm,
fo wird er fich felbft fpiefsen.

Paraden gegen Terz. 1) Mit dem Ablaufenlaffen in verhangener Sekund; 2) Durch das Ablaufenlaffen in Terz oder Quart
mit geftrecktem Arm nach der linken. 3) Mit der Windung. 4)
Mit der Legade.

T   Dritter

Dritter Abschnitt.

Gänge zu Quartstößen.

§. 276.

I. Quart auswendig.

1) Wenn dein Feind auswendig mit flüchtiger Terz anrückt, so stoße ungesäumt Quart über den Arm durch.

2) Lasse dich von deinem Gegner nicht legiren, sondern indem er seine Klinge deswegen erhebt, gehe von inwendig ab, und stoße Quart auswendig.

3) Lagere dich mit langer Klinge; wird dein Feind dich alsdann innerhalb belegen wollen, so lasse deines Degens Spitze mit Terz durchgehen, und stößt er während deines Durchgehens mit Quart zu, so wechsele geschwind deine Faust aus Terz in Quart, und stoße über den Arm.

L.

4) Binde

4) Binde deinen Gegner auffen geftreckt, fo, dafs er inwendig kontra belegen mufs; thut er folches, fo leide es nicht, fondern ftofse ihm ins Tempo Quart über den Arm.

5) Stringirt dich dein Gegner auswendig fo, dafs du keinen Stofs ins Tempo anbringen kannft, fo zeige ihm auf feine Bindung Finte unten oder inwendig, und ftofse Quart über den Arm.

6) Attakire auswendig mit Terz, und wenn dein Feind den Arm verkürzt, fo verfalle in Quart und ftofse damit fort.

7) Gehe aufferhalb mit Terz auf deinen Feind los, mache ihm unten Finte in Sekund, verfalle fodann, wenn er fie aushebt, in Quart und ftofse damit über den Arm. Zu merken ift hier, dafs man fich wohl fürfieht, wenn etwa der Feind in die Sekundfinte ftofsen follte, welches als eine Gegenlection kann gebraucht werden.

8) Wenn dir dein Feind die Quartrevers mit der Windung parirt, fo markire einen halben Stofs in Terz unter der Klinge, und parirt er diefen in verhangener Quart, fo verfalle mit der Fauft in die vierte Wendung, und hebe über feine Fauft. Auf folche Weife verfehlt der Feind deine Klinge, und du kannft mit einem geringen Anftofs über den Arm treffen.

9) Will dein Gegner nicht leiden, dafs du ihn aufferhalb bindeft, fondern er kavirt, fo kavire mit, und ftofse Quart über den Arm.

10) Binde deinen Feind inwendig mit gefezter Fauft, auf dafs er kavirt, kavire fodann mit, ftreiche inwendig, und ftofse auffen mit Quart über den Arm.

T 2

11) Stöfst

11) Stößt dein Feind scharf mit Terz, so laße ablaufen, winde die Klinge auf, und stoße Quart über den Arm.

12) Thue einen halben Sekundstoß inwendig in gerader Linie auf den Feind, greift er flüchtig mit gesezter Faust, und hoher Spitze darnach, so ändere deine Faust-Wendung in Quart, und tritt mit dem linken Fuße zum Stoß über den Arm ein.

13) Gieb deinem Feinde Gelegenheit zur Sekund unten den Arm mit der Passade, durch einen halben Quartstoß hoch über den Arm: und, indem er passirt, so passire entgegen, so wird deine Quart sitzen.

14) Liegt dein Feind mit langer nicht zu hoher Klinge, so drücke ihn innerhalb, auf daß er kavirt; alsdann passire, und stoße Quart über den Arm.

15) Stößt dein Feind Sekund inwendig, so parire diese mit der linken Hand unter dem rechten Arm hinaus, und stoße mit der Passade Quart auswendig.

16) Gieb Blöse zur Quartrevers, parire sodann diesen Stoß mit vorgesezter Sekund, passire, und stoße über den Arm in Quart.

17) Laß die Terz deines Feindes über deinen Kopf ablaufen, wende hierauf die Faust auf seiner Klinge in Quart, tritt mit dem linken Fuße herfür, so wirst du sehr leicht über den Arm treffen.

18) Wenn dein Gegner Quart auswendig stößt, so verfalle mit der Klinge in verhangene Sekund dagegen, so, daß der Stoß dadurch nach der rechten zu abgeleitet wird, mache zugleich eine Volte und stoße Quart über der Klinge nach.

Paraden

Paraden gegen Quart auswendig. 1) Mit geftreckter Quart. 2) Mit winklichter Terz. 3) Mit dem Verfallen in Sekund hoch. 4) Mit der Zirkelparade von der rechten zur linken. 5) Mit der Kavation. 6) Mit dem Abfatenlaffen in hoher oder verhangener Sekund. 7) Mit der Batutte auf der Stelle. oder der Reverslegade. 8) Mit der Windung.

§. 177.

II. Quart inwendig.

1) Stöfst dein Feind Quart inwendig, fo parire und ftofse auf diefelbe Art nach.

2) Bindet dich dein Feind aufserhalb, fo gehe durch, und ftofse Quart inwendig.

3) Attakire auswendig in halb Quart, hebe über des Feindes Klinge, und ftofse Quart inwendig.

4) Belege deinen Gegner von aufsen, dafs er abgehen mufs, gieb acht auf diefe Bewegung, und ftofse, indem er abgehet, an der Schwäche der feindlichen Klinge Quart inwendig gerade fort.

5) Liegft du mit langer Klinge in der mittlern Terz, und dein Feind belegt dich innerhalb, fo verhalte dich ruhig, oder wende die Fauft in Sekund, wodurch die inwendige Blöse noch mehr geöfnet wird; fo bald er hierauf mit Quart inwendig ftofsen will, fo entgegne ihm auf diefelbe Weife mit einem Stofse, fuche aber dabei ihm recht mit den Stärke an feiner Schwäche zu packen, damit der Stofs um fo fichern trift.

6) Wenn

6) Wenn dein Feind zur Quart inwendig überhebt, so stoße ihm eine zuvorkommende Quart ins Tempo.

7) Liegt dein Feind steif vor dir, so battire ihm inwendig, und stoße daselbst Quart nach.

8) Parire die inwendigen und untern Stöße mit der linken Hand, und stoße zugleich Quart inwendig.

9) Belegt dich dein Gegner inwendig schwach, so stoße a Tempo auf der Stelle Quart gerade durch.

10) Parirt dein Feind die Quartrevers mit der Windung, so gehe in gerader Linie fort, und stoße Quart inwendig.

11) Kavirt dein Feind die Quart auswendig, so kavire abermal, mache Finte über den Arm, und stoße Quart inwendig aus.

12) Belege deinen Feind inwendig ganz gelinde, winde geschwind um seinen Degen, und forcire Quart inwendig auf ihn hinein.

13) Wenn dir dein Gegner Quart inwendig stößt, so parire, voltire, tritt mit dem vordern Fuße aus, und stoße Quart inwendig.

14) Wenn dein Feind Quart über den Arm stößt, so kavire, parire, voltire, und verfahre, wie kaum gemeldet.

15) Hohlet der Feind mit seiner Klinge bei dem Stoße aus, und zwar indem er mit Sekund inwendig angreift, so

kannst

kannſt du in demſelben Tempo voltiren, und Quart inwendig
ſtoſsen.

16) Belege deinen Feind innerhalb, kavirt er, ſo kavire mit,
um von neuem inwendig zu liegen, öfne zugleich dabei Blöſe über
den Arm; ſobald er mit Terz in dieſelbe ſtoſsen will, ſo kavire unter
der Klinge hinweg und ſtoſse mit der Volte Quart inwendig.

17) Stöſst der Feind Sekund inwendig, ſo greife mit der linken
Hand den Stoſs aus, und voltire zugleich die Quart inwendig.

18) Liegt dein Feind mit langer Klinge vor dir, und du haſt
ihn inwendig belegt, er aber gehet in die untere Terz herunter, ſo
belege ihn auſserhalb in Prim, ſobald er alsdann wieder über ſich
gehet, und Quart inwendig ſtoſsen will, ſo ſtoſse ihm mit der Volte
denſelben Stoſs entgegen.

19) Belege deinen Feind inwendig mit Force, auf daſs er abgehen muſs; ſobald er aber über den Arm in Quart ſtöſst, ſo laſse
dieſe in verhangener Sekund mit einer dabei gemachten Volte ablaufen, gieb eine Batutte, und ſtoſse Quart inwendig nach.

20) Gieb deinem Feinde unter dem Gewehr Blöſe, warte auf
dieſen Stoſs, und indem der Ausfall des Feindes erfolgt, drehe die
Fauſt hoch in Quart mit tiefer Spitze, ziehe zugleich den vordern
Fuſs an den hintern an, und halte ſo dem Feinde inwendig vor, ſo
wird er ſelbſt anlaufen.

21) Liegt dein Gegner in der mittlern Terz, und ſeine Spitze
ſieht etwas nach ſeiner linken, ſo gehe mit deiner Schwäche ihm
innerhalb über die Stärke, ſobald er alsdann mit der linken Hand
nach

nach deiner Klinge führe, so voltire geschwind, kavire unter seiner Hand hinweg, und stoße Quart inwendig über seinen linken Arm.

Paraden gegen Quart inwendig. 1) In halb Terz und halb Quart. 2) Mit der Kavation. 3) Mit dem Ablaufen laßen. 4) Mit der Batutte oder Legade auf der Stelle.

§. 178.

III. *Quart-koupee.*

1) Drückt dein Feind inwendig mit steifen und etwas hochliegendem Arm, so verfalle unter den Arm in Quart, und stoße dieselbe.

2) Belege deinen Feind mit Terz oder Quart auswendig, und will er dir kontra belegen, so leide es nicht, sondern stoße ihm ins Tempo Quart koupee.

3) Wenn dir dein Gegner Sekund unter den Arm stößt, so parire mit vorgesezter Faust in Sekund, wechsele hurtig mit der Faust und stoße Quart-koupee.

4) Wenn dir dein Feind die Terz oder Quart über den Arm mit der Kavation parirt, ohne Winkel und gesezte Faust, so mache einen halben Stoß in Quart auswendig etwas hoch und indem er kavirt, so verfalle unter den Arm, und stoße Quart.

5) Drücke deinen Feind auswendig, gehet er ab, so zeige ihm eine Quart nach dem Gesichte, und verfällt er dagegen hoch, so stoße Quart-koupee.

6) Thue

6) Thue einen halben Stoſs in Sekund unter den Arm, und wenn dein Feind in gleicher Wendung nachläſsig parirt, ſo wechſele an derſelben Seite, und ſtoſse Quart-koupee.

7) Stöſst dir dein Gegner inwendig hoch, ſo parire geheben mit Quart, und ſtoſse in dieſer Wendung unter den Arm. Dieſes Verfahren iſt auch mit der Kavation gegen Quart über den Arm zu gebrauchen.

8) Thue einen halben Stoſs in Sekund unter des Feindes Arm kurz hinein, parirt er flüchtig mit Sekund, ſo wechſele in Quart, paſſire, und ſtoſse Quart-koupee; führe jedoch die linke Hand zur Vorſorge herunter.

Paraden gegen Quart-koupee. 1) Mit der Legade. 2) Mit verhangener Sekund. 3) Mit vorgelezter Quart im Winkel, und mit verkürztem Arm.

§. 179.

IV. Quartrevers.

1) Liegt dein Feind ſteif vor dir in Quart, ſo binde ihn innerhalb, und ſtoſse Quartrevers.

2) Binde deinen Feind auswendig, gehet er ab, ſo lauere aufs Tempo, und ſtoſse Quartrevers.

3) Stöſst dir dein Gegner Quart inwendig, ſo ſtoſse Quartrevers kontra Tempo, oder parire ſimpel und ſtoſse auf gedachte Art nach.

4) Stöſst dein Feind Quart auswendig, ſo kavire und ſtoſse Quartrevers.

U   5) Wenn

5) Wenn dein Feind vorhält, fo thue einen winklichten Quartftofs nach inwendig, battire, und ftofse Quartrevers.

6) Binde deinen Feind inwendig, gehet er ab, fo kavire, und
ftofse Quartrevers.

7) Gieb aufserhalb Blöfe, und wenn dein Feind nicht in diefelbe ftofsen will, fo gehe ihm mit der Stärke an feine Schwäche,
und fobald er wieder nach inwendig gehet, fo ftofse ihm fogleich
Quartrevers mit der Paffade.

8) Stöfst dir dein Gegner Quartkoupee, fo dafs feine Klinge
nicht zu fehr nach der auswendigen Seite gerichtet ift, fo laffe fogleich die Fauft fallen, und ftofse Quartrevers nach.

Paraden gegen Quartrevers 1) Mit vorgefezter Terz.
2) In verhangener Sekund, oder mit der Legade. 3) Mit der
Windung. 4) Mit dem Ablaufenlaffen.

Vierter Abfchnitt.

Gänge zu Defarmaden.

---

§. 180.

I. Defarmaden ins Tempo.

1) Gieb dich über den Arm blos, und rücke innerhalb dem Gewehr ftark in die Menfur, fo dafs dein Gegner fich gezwungen fieht, zu kaviren; indem er aber diefes thut, fo lafs in felbigem Tempo gefchwind ablaufen, tritt mit dem linken Fufs hervor, und greife mit verkehrter linker Hand unter den Arm nach des Feindes Fauft, und drüke oder ziehe denfelben gegen die linke Seite. Alsdann fahre mit deiner Klinge über den Kopf hervor, und begegne deinem Feinde mit einem Stofse. — Sollte fich jedoch dein Gegner mit dem linken Fufs vorbegeben, und nach deiner Klinge mit der linken Hand zu greifen trachten, fo fahre mit der Klinge hinter deinen Rücken, und ftofse denfelben in die Seite. — Oder follte er fchon zu nahe gekommen fein, dafs du ihn auch von hinten her nicht mehr treffen kannft, fo fetze ihm den Ellenbogen auf die Bruft, das linke Knie

U 2

hinter

hinter des Feindes rechtes, gieb ihm fodann einen Druk oben auf
die Bruft, und rücke zugleich feinen rechten Fufs aus, fo wird er
fich nicht mehr aufrecht erhalten können.

2) Wenn dich dein Feind inwendig drükt, fo lafs in demfelben
Moment deine Klinge mit verhangener Sekund über die feinige laufen, fetze den linken Fufs ein, bringe die linke Hand empor, und
ergreife deffen Fauft und Degen.

3) Drükt er dich aber auswendig, fo gehe durch, gieb ihm
eine Legade, und verfahre, wie vorher.

§. 182.

II. *Defarmaden gegen einen Stofs.*

1) Wenn dir dein Feind Sekund über den Arm lang heraus
ftöfst, fo verfalle in Sekund, paffire, und ergreife mit der linken
Hand in Prim des Feindes Gelenke und Fauft: drehe ihm fodann
die Fauft in Quart, verkürze zugleich feinen Arm, und ftofse oder
entreife ihm den Degen.

2) Lafs die Terz deines Feindes in Sekund nach auswendig zu
ablaufen, paffire, faffe ihn von obenher bei der Fauft und dem
Stichblatt, und entreife ihm den Degen.

3) Lafs die fefte Terz deines Feindes in verhangener Sekund
nach deiner linken Seite zu ablaufen, und mache dabei eine Volte:
alsdann falle mit dem rechten Fufs aus, ergreife des Feindes Fauft,
und halte ihm mit verkürztem Arm die Spitze deines Degens
entgegen.

4) Wenn

4) Wenn dein Feind mit langer Terz auf dich hineinstöfst, so laffe dieselbe mit einem Eintritt des linken Fufses über deinen Kopf ablaufen, ergreife a Tempo feine Fauft unter dem Degen hin, und entwafne ihn.

5) Parire die Quart über den Arm in der vierten Wendung, paffire fodann ganz, ergreife von unten auf in Quart des Feindes Fauft, und entwafne ihn durch einen Schlag in Terz auf die Klinge.

6) Verfalle gegen die Quart über den Arm in Sekund hoch, paffire fogleich, und ergreife in Prim mit der linken Hand des Feindes Fauft; drehe ihm diefe fodann ftärker in Quart, dich felbft aber ftelle rücklings gegen den Feind; ziehe feinen Arm auf deine linke Schulter, als wenn du ihn tragen wollteft. Diefer Gang wird insbefondere der Armbrecher genannt.

7) Paffire gegen Quart über den Arm mit der Parade in Quart, ergreife des Feindes Fauft, hebe ihm den Arm höher, damit er ihn nicht anziehen kann, und drücke ihm die Klinge vermöge deines Stichblatts in einer Lage, als ob du Terz ftofsen wollteft, nieder und zurück, wodurch er leicht zu entwafnen ift.

8) Wenn dir dein Feind Quart inwendig ftöfst, so tritt bei der Parade in halb Terz und halb Quart a Tempo ein, ergreife feine Fauft, ziehe dieselbe nach dir, feine Klinge aber drücke nieder und rückwärts, fo wird er den Degen fallen laffen müffen.

9) Stöfst dein Feind Quartrevers, fo hebe dieselbe aus, und verfahre übrigens, wie im vorigen Gange, oder lafs in geftrecktes Quart ablaufen, und verhalte dich wie bei No. 7. ift gezeigt worden.

10) Wenn

10) Wenn dein Gegner die Quart inwendig in Quart ablaufen
läſst, ſo paſſire ſogleich, wobei du auch kavireſt und in Sekund
verfällſt, umfaſſe des Feindes Fauſt mit deiner linken Hand, und
drücke ſeine Klinge in die Höhe.

Anm. Wenn der Feind, um dich zu deſarmiren, anſtatt deine Fauſt
oder das Gefäſs des Degens, blos deinen Arm ergreift, ſo nimm in
demſelben Tempo geſchwind den Degen an der Stärke in deine linke
Hand, und ſtoſse nach Art eines Dolches auf deinen Feind.

Siebzehntes Kapitel.

Von dem Kaminiren.

§. 182.

Das Kaminiren oder Fortgehen mit der Resolution, welches man den Gipfel der Fechtkunst nennen kann, bestehet in einer besondern Art zu fechten, wobei ich in stäter Bewegung bleibe, und entweder mit Avanciren stofse, oder mit Retiriren, Giriren und Voltiren mich vertheidige. Nie binde ich mich an ein festes Lager, noch lafs ich mich durch ein solches irre machen: und eben so wenig erfolgt der Stofs auf einen bestimmten Fufs. Da demnach die Füfse immer in einem natürlichen Gange erhalten werden, so folgt, dafs, sobald ich Hand an den Degen gelegt habe, ich zum Angriff bereit bin.

§. 183.

§. 183.

Daſs das Kaminiren merkliche Vortheile vor dem gewöhnlichen Fechten mit feſtem Fuſse hat, läſst ſich am beſten durch einen Vergleich erkennen. 1) Jede Bewegung der Füſse aus einem feſten Lager geſchieht langſamer. Denn ein ſolcher kann keinen Fuſs bewegen und fortbringen, ohne durch das Aufheben und Niederſetzen deſſelben zwei Tempos geben zu müſſen: der Kaminirende hingegen, der ſeine Füſse ſchon in Gang gebracht, hat allzeit einen Fuſs in der Luft, und wird ihn alſo in der Zeit ſchon niederſetzen, wo ihn jener erſt aufhebt. 2) In einem feſten Lager erräthet der Feind meine Abſicht weit leichter aus den Bewegungen, allein wie kann er auf der andern Seite, um mich vortheilhaft anzugreifen, einem Schluſs machen, da ich ungelagert auf ihn losgehe? 3) Kann jedes Tempo, ſo ſich aus einem feſten Lager, als Folge der langſamern Bewegungen, von dem Kaminirenden geſchwinder benutzet, und entgegnet werden. Eben deswegen kann man auch 4) gegen einen Kaminirenden die Finten, falſche Blöſen, und andere. — um bei dem Feinde Unordnung zu bewürken — abzweckende Mittel, ohne Gefahr getroffen zu werden, nicht gebrauchen.

§. 184.

Das Kaminiren erfodert nothwendig einen geübten Fechter, der Stärke und Schwäche der Blöſen und Lager völlig kennt, und nur die Stellung des Feindes zu überblicken braucht, um ſeine Spitze allzeit nach dem ſchwächern und mehr entblöſsten Theil deſſelben zu richten. Ferner wird auch die Uebung um deswillen vorausgeſetzet, weil bei dem Kaminiren die Fuſse, der Leib, und die Klinge in ſtäter Union ſtehen müſsen, und ein desfalls erſcheinender Mangel das ganze Verfahren unvollkommen macht. Insbeſondere iſt daher

1) wegen

1) wegen den Füſsen zu bemerken, daſs man folche gleich-
anfangs durch gewöhaliche Schritte in einen Gang bringe, der jedoch etwas geſchwinder, enger, und immer fo befchaffen fein muſs,
daſs fich in [demfelben Tempo, wo man den einen Fuſs niederfetzt,
der andere fchon hebt, und fich folglich ein Fuſs allzeit in der Luft
befindet, welches um deswillen nöthig iſt, damit, wenn etwa der
Gegner das Tempo der Füſse benutzen wolte, man gefchwind auf
eine vortheilhafte Art verfallen kann. Wenn man dem Feinde fo
nahe gekommen, daſs man ihn mit der Degenfpitze erreichen kann,
fo verlängere oder erweitere man feine Schritte jedoch ohne Heftig-
keit; denn dadurch würde man nicht nur verhindert werden, den
hinterften Fuſs mit gehöriger Gefchwindigkeit aufheben zu können,
fondern wohl gar in Unordnung gerathen. Uebrigens muſs man
immer ohne einzuhalten fortgehen, nur alsdann zurückweichen
und von neuem angreifen, wenn man feinen Vortheil verlohren,
und bei dem Ausftofsen fich an keinen beftimmten Fuſs binden.

§. 185.

Was 2) den Leib betrift, fo gehet man anfangs in gerader
Linie, und mit geradem Leibe auf den Feind los, fobald man aber
die Menfur erreicht hat, legt man die Bruft herfür, und fezt fich
überhaupt ftark zufammen, damit die Klinge fowohl bei der Verletzung als Vertheidigung alle Gelegenheit mit kleinen Bewegungen
nehmen kann. Auch wendet man fich mit dem Leibe bald nach
diefer bald nach jener Seite, oder gehet gerade fort, wenn man von
der feindlichen Spitze nichts zu befürchten hat.

§. 186.

Endlich muſs man 3) feine Klinge fo zu führen wiſſen, daſs
diefelbe der feindlichen immer nahe iſt, und fie gleichfam gebun-

X

den

162

den hält, damit man jedes Tempo sogleich verfolgen kann: denn bei Entfernung der Klingen von einander würde ein solches Tempo nicht nur verlohren gehen, sondern der Kaminisende auch Gefahr laufen, beim Fortgehen getroffen zu werden.

Zweite

Zweite Abtheilung.

Vom

Fechten auf den Hieb.

Einleitung.

§. 187.

In Vergleichung des Fechtens auf Stofs und Hieb findet man lezteres weit natürlicher, folglich leichter und bequemer, als erfteres,
welches fchon mehr Kunft und Feinheit verräth. Der Hauptunter-
fchied zwifchen beiden beruhet in der Art, wie ich meinen Gegner
mit dem Degen verletze, (§. 4.) und drückt fich durch H a u e n oder
S c h n e i d e n aus. In Rückficht deffen weicht die Verfahrungsart
auch nur infofern ab, als es die Nothwendigkeit, und der vernünf-
tige Vortheil erfodern. Uebrigens finden nicht nur die allgemeinen
Begriffe und Regeln ftatt, fondern felbft auch das Verfahren bei dem
Hiebe kann durch Avanciren und Reteriren, Volten und Paffaden,
Finten und Battuten, und andere dergleichen Bewegungen, wenn
fie nur nicht einzig für den Stofs gefchaffen find, mannigfaltig und
verwickelter gemacht werden. Jeder Stofsfechter wird diefes leicht
über-

überfehen, fo wie überhaupt ein folcher das Fechten auf den Hieb
in kurzer Zeit kunftmäfsig erlernen kann, wenn ihm nur die hier
nothwendige ftärkere Force des Armes nicht abgehet. Ich begründe
daher, um auf Wiederhohlungen verzichten zu können, diefe Ab-
handlung auf die vorige, und rede überhaupt nur von dem Wefent-
lichften, und was aus dem Vorhergehenden für diefen Fall noch als
befonders erinnerlich ift.

Erftes

Erſtes Kapitel.

Von dem Degen und der Haltung deſſelben beim Hiebe.

§. 188.

Die Klinge eines Hiebers oder Haudegens ift in Rückſicht ihrer Länge und Eintheilung von gleichen Eigenſchaften eines Stofs-
degens, (§. 8 und 10.) und leidet bei Unterſuchung der Güte des
Stahls, ob ſie nemlich weder zu ſehr, noch zu wenig gehärtet iſt,
dieſelbe Probe. Es iſt hier aus Urſache des forcirtern Gebrauches der
Klinge um ſo mehr auf Aechtheit zu ſehn, damit man ſo wohl für
dem Zerſpringen, als auch der Umlegung der Schneide geſichert iſt.
Ihrer äuſſerlichen Geſtalt nach ſind die Haudklingen der Veränderung
unterworfen, und bald gerade, bald gebogen: überhaupt aber
müſſen ſie etwas breit, (welches gemeiniglich zwei Mannsfinger beträgt,) und ziemlich dünn ſein.

§. 189.

§.

Die geraden Klingen nehmen von dem Stichblatte gegen die Spitze an der Breite etwas ab, und haben zuweilen zwei durchgängige Schärfen, zuweilen aber durchaus, oder nur bis in die Hälfte einen Rücken, (Rükenklingen) der alsdann der Klinge nicht nur selbst mehr Stärke giebt, sondern auch das Gleichgewicht und den richtigern Nachdruck in Lenkung des Degens erleichtert, und befördert. Eben so findet man die flache Seite der Klinge hier mit einer in der Mitte etwas scharf zusammenlaufenden Bruft; dort hingegen rund, und zwar um sie leichter und zum Zuge geschickter zu machen, an der Stärke, (manchmal auch durchaus,) hohl geschliffen, und ungefähr eine Spanne lang durchbrochen. Es benimmt dieses leztere der Klinge einigermafsen das Flachfallen, jedoch darf es nicht zu stark sein, damit der wesentliche Gebrauch der Stärke darunter nicht leidet.

§. 190.

Die gebogenen (Säbel-) Klingen haben allzeit einen Rücken, find hohl geschliffen, und wachsen gewöhnlich nächst der Spitze, wo sie meistens auch zweischneidig find, in ihrer Breite. Zum Schneiden find sie zwar bequemer, hingegen kann aber auch der Hieb, eben wegen dem Bogen mit weniger Müh, und Geschwindigkeit parirt werden: überdiefs fällt der Hieb nicht selten flach.

§. 191.

Das Gefäfs an einem Hieber behält die wesentlichen Theile und Eigenschaften im allgemeinen, jedoch fallen die Parirstangen entweder hinweg, oder liegen, wenn sie vorhanden find, aufser dem Gebrauch. Dagegen ist der Bügel um so nothwendiger, wel-

welcher feiner Abficht gemäfs ftark, und in einem fo geräumigen
Bogen gewölbet fein mufs, dafs die Hand, ohne von demfelben ge-
drükt zu werden, den Griff umfaffen kann. Wer fich daran gewöhnt, die Hiebe ftets mit fcharfer Klinge zu pariren, der genügt
an einem fimpeln Bügel, und verzichtet um fo lieber auf einen
Korb, der — zumal wenn er umförmlich ift, den Hieb fchwan-
kend macht, und die freiere Bewegung der Fauft hindert.

§. 192.

Mit dem Griff mufs die Klinge in gerader Linie, und feft ftehen, ohne die Schwere und Proportion des ganzen Gefäffes gegen
die Schwere und Länge der Klinge weiter zu vergleichen. Kann
man alsdann mit einem Probehiebe die Luft nicht rein durchfchnei-
den, fondern die Klinge legt fich dabei nach ihrer flachen Seite, fo,
dafs man einigen Widerftand der Luft merkt, fo liegt der Fehler,
wenn übrigens die Klinge gut gefchliffen ift, an dem Auffetzen des
Griffs.

§. 193.

Was endlich die Schwere der Klinge betrift, fo mufs diefelbe
mit der mittelmäfsigen Länge in Verhältnifs, das Gefäfs hingegen
mit der Klinge in Gleichgewicht ftehen, damit der Arm im Schwingen nicht zu fehr ermüdet, oder an Regelmäfsigkeit und Schnelligkeit der Hiebe und Paraden gehindert wird. Denn ein zu langer
und zu fchwerer Säbel würde den Arm ohnmächtig nach fich ziehen,
und zum Verhauen beftändige Urfache geben: fo wie ich auf der
andern Seite mit einem zu leichten Degen weder mit Nachdruk
hauen, noch weniger einer fchweren Klinge hinlänglich widerftehen könnte.

Y

§. 194

§. 194.

Bei dem Hiebe wird der Degen in die volle Fauſt auf eine ganz natürliche Art geſchloſſen, ſo, daſs ſich der Bügel über den mittlern Knöbeln der Finger herabzieht, und es findet auſſer dem Daumen, welcher nach der Richtung der Klinge gelegt wird, in Rückſicht der übrigen Finger keine beſondere Lage ſtatt. Man trift zwar an manchen Hiebern unter dem Stichblatt *) auf der rechten Seite einen Ring oder Riemen an, um durch denſelben den Zeigefinger zu ſtecken, welches ſodann der Fauſt eine bei dem Stoſsfechten gewöhnliche und ähnliche Lage giebt; allein ich widerrathe dieſes. (§. 14.) Will man ſich ja einigermaſen des Feſthaltens, ohne die Hand bis zum Erſtarren ſchlieſsen zu müſſen, vergewiſſern, ſo verſehe man den Degen mit einem Riemen, der um die ganze Fauſt geſchlungen, und alſo weniger nachtheilig werden kann.

*) Ich habe dieſe Benennung blos der Deutlichkeit wegen beibehalten, weil es an einem Hieber unter Scheibe oder Teller verſtanden wird.

Zweites Kapitel.

Von der Stellung und Auslage zum Hieb.

§. 193.

Bei der Stellung eines Hauenden gilt sowohl der Stand der Füße in Bezug auf die Weite oder den Schritt, wie auch die schräche oder seitwärts nach der Linken genommene Richtung des Oberleibes, wovon oben bei dem Stoßfechten die Rede war. Dagegen aber wird (Tab. V. Fig. 4.) der vordere Fuß gerade gestrekt, der hintere stark nach der linken Seite gebogen, so, daß auf demselben der Körper, der außer einem eingezogenen Unterleibe übrigens seine gerade Richtung behalten muß, einzig gestützet ist. *) Die linke Hand schlägt man ungezwungen auf den Rücken, und bringt dieselbe, den Fall einer beabsichtigten Desarmade ausgenommen, nicht herfür. **)

*) Es suchen einige diese Stellung dadurch zu verbessern, indem sie den rechten Fuß nicht für sich, sondern in einem gleichen Abstand von 2 Schuhen seitwärts neben den linken setzen; und ihre Empfehlungsgründe

beste-

Beftehen darinn: dafs fich 1) der Unterleib weit ftärker einziehen laffe, und man daher gegen den Angriff des Feindes nur die Bruft zu fchützen habe: 2) Dafs dadurch dem Feinde die Gelegenheit benommen fey, nach dem Knie zu hauen: und 3) dafs man fich durch den Ausfall aus diefem Lager dem Feinde näher verfetze. — Allein ich glaube, dafs auf der anderen Seite eben der allzeit nöthige Ausfall, der mehr vorge- kehrte Oberleib, und folglich der zurückgezwungene rechte Arm wich- tige Gegengründe abgeben,

**) Diefes ift die Stellung für die Aktion felbft; vor derfelben oder bei Erhohlungen nach derfelben kann man die Füfse Abfatz gegen Abfatz aneinander fetzen, und den linken Arm am Leibe herunter hangen laffen.

§. 196.

In Rückficht der Menfur mufs man fich in einer folchen Ent- fernung von einander ftellen, dafs man bei ausgeftrektem Arm und fteifer Klinge, fo eben mit der Degenfpitze des andern Bruft berüh- ren, und folglich mit Ueberbeugung des Leibes ohne Ausfall wirk- lich treffen kann.

§. 197.

Was die Auslagen oder Lagen mit der Klinge betrift, fo kommen bei dem Hieb folgende in Betracht: 1) die Auslage in Prim, bei welcher Fauft und Klinge fo verhangen werden, dafs der Bügel und die Schneide nach dem Feinde zugerichtet find. Auf- fer dem Nachtheil, dafs diefes Lager vermöge der Fauftwendung fchon an fich ermüdet, giebt es auch den ganzen Arm zur Quart blos, und erlaubt unter Arm und Klinge mit winklicher Terz von inwendig her nach dem Unterleib zu ftofsen, oder nach der rechten Seite zu fchneiden, welches leztere bei einem gefchwinden und hinlänglichen Herfürfchieben der Klinge um fo weniger gehindert,

ja

ja durch die Parade des Feindes, wenn er mit derfelben fich verfpä-
tet, nachdrücklicher befördert wird. Hingegen hüte man fich,
dem Feinde in der Primlage mit Prim oder Terz zu begegnen, weil
er bei der erftern in der Parade durch diefes Lager fehr begünftigt
ift, bei der leßtern aber, wenn er durchhavirt, in halb Quart oder
Terz fehr leicht den Arm trifft.

§. 198.

Sehr vortheilhaft befonders für einen Angreifenden, dem der
Feind eine Blöfe über den Arm darbiethet, ift 2) das obere Sekundlager, in welchem man den Arm etwas über die Schulter
erhebt, und mit gegen den Feind gewendeter Spitze und Schärfe
von fich ftreckt, (Tab. V. Fig. 4.) indem man die Klinge nur —
und doch mit Forfche — herabfallen laffen kann. Zudem mangeln
diefem Lager auch andere gute Eigenfchaften nicht, die gegen den
Angriff erfodert werden, weil man leicht und gefchwind zu den Paraden gegen die hier möglichen Hiebe verfallen kann.

§. 199.

3) Das Terzlager, welches mit etwas ftark in die Höhe gerichteten Klinge, und tiefer Fauft erfcheint, fo, dafs Arm und
Klinge in einem fcharfen Winkel nach unten liegen, hält den Feind
nicht weit genug entfernt, und erlaubt deswegen auch bei Vorhal-
tung der Klinge die meinige leicht zu unterfpringen, und mich zu
entwafnen.

§. 200.

4) Die Auslage in Quart, wobei ich den Arm über die
Schulter erhebe, und mit ftark verhangener Klinge in der vierten
Fauft-

Faustwendung ausstrecke, ist für Arm und Faust anstrengend, und

rt gelagerten Feinde Quart nach dem Arm hauet, so kann sich

bei er ausser dem, dass er starke Blöse nach unten zu geben muss,

§. 201.

Die beste und daher gewöhnlichste Auslage ist 5) in halb

erz. Man legt sich nemlich, (so wie bei dem Stossfechten unge-

fähr in halb Terz und halb Quart,) mit möglichst gerad gestrektem

rm so, dass die Klinge etwas nach linker Hand gerichtet ist, und

gen der Höhe dieser Auslage muss man auf die Größe des Gegners

Rücksicht nehmen, und demnach sich so auslegen, dass der Hieber

sich nicht nur jede Blöse nach Belieben geben und benutzen, son-

Anm. Da bei dem Hiebe die Blösen weiter, und nach der Art einzuhauen,

den können, so will ich dieselben hier nicht besonders abhandeln, son-

Drittes Kapitel.

Von den Hieben, und den dabei vorkommenden Bewegungen.

§. 203.

Unter einem Hieb ist diejenige Bewegung unseres Körpers zu verstehen, vermöge welches wir den Degen so gegen den Feind schwingen, dafs die Schneide mit Kraft auf denselben würken kann. Es geschieht, indem man das Gelenke der Hand samt dem Degen unter Vermeidung eines zu sehr verkürzten Armes gegen sich zurück beuget, und bewegt, so dafs Arm und Klinge allzeit in einen Winkel, dessen Spitze gegen den Feind gerichtet ist, zu liegen kommen, und sodann nach einem abgemessenen Schwunge die Klinge wieder herfür, und in des Gegners Blöse werfen. Man merke demnach: 1) dafs alle Hiebe durch die Hand mit möglichst geraden *)

Arm

Arm erzeugt werden müssen; 2) dafs die Schneide der Klinge beim
Drehen und Zurückziehen des Degens immer gegen den Feind gewendet bleibt, und also der Hieb desto geschwinder erfolgen kann.
3) Mufs mit der Schwäche des Degens geschnitten werden, und 4)
der Hieb selbst mit Schnellkraft und Nachdruk gegen den Feind geworfen, und mit gestrektem und gespannten Arm und Faust geen-
digt werden.

*) Ueberhaupt ist bei dem Hauen immer auf einen geraden Arm zu sehen
und zu halten, indem derselbe sowohl die hier erfoderliche Schnellkraft
befördert, als auch die genommene Lage mit Nachdruk erhält, welches
bei Paraden von äusserster Nothwendigkeit ist: überdiefs giebt auch ein
gebogener Arm Blöfe, um auf den Ellbogen zu hauen.

§. 203.

Der Nachdruck oder Schwung bei dem Hieb dient, um der
Schwäche die Kraft zu schneiden zu geben, und mufs einzig dadurch geschehen, dafs ich das zurückgebogene Gelenk bei dem Zuhauen mit einemmal spanne und verschnelle, so, dafs auf diese Art
die Klinge aus dem vorher gemachten Winkel schnell in die gerad
Linie des Armes zurückbewegt wird, und zufolge deflen Richtung
und Lage an des Feindes Körper mit Gewalt anschlagen, oder,
wenn sie keinen Widerstand mehr antreffen sollte, aus der Richtung,
wo es geschehen wäre, doch nur einige Händebreit anschlagen
mufs.

Anm. Wer dieses Verfahren prüft und nach Vortheilen berechnet, der
wird einsehen, wie ganz anders es sich verhält, wenn man mit Aufhebung oder zu ftarker Verkürzung, oder wohl gar aus allen Kräften nach
dem Gegner hauet. Ich ermahne daher Lernende, dafs sie Anfangs alle
Hiebe durch die Luft üben, und sich so daran gewöhnen, den Schwung
auf der rechten Stelle einzuhalten. Bei der Uebung selbst bediene man
sich

fich eines ordentlichen, nur abgefchärften und ftumpfgefchliffenen Hiebers; denn dadurch erhält man nicht nur die nöthige Force in den
Arm; fondern lernt auch fcharf auszuhauen, welches keineswegs gefchehen kann, wenn man fich der hölzernen Rapiere bedient Diefe beftehen gewöhnlich aus ftarken Hafelftöcken, an denen fich ftatt des Stichblatt zwei mit Weiden umflochtene Kreuzhölzer nebft einem ebenfalls
von Weiden gemachten Bügel befinden. — Ich hoffe, man wird mich
nun entfchuldigen, warum ich im erften Kapitel d. A. blos von einem
wirklichen Degen Erwähnung gethan habe.

§. 204.

Alle Hiebe erfolgen flüchtig, und wie die Stöfse, in einer gewiffen Fauftwendung, und find demnach Prim - Sekund - Terz-
oder Quart-Hiebe. Ihr Ziel ift unbeftimmt, und erftrekt fich auf
alle Theile des Körpers; jedoch hauet man vorzüglich (und wie es
für Lernende, um die Richtigkeit der Hiebe einzufehen, ohnehin
Anfangs rathfam ift,) nach der rechten Schulter, welche fodann in
den gedachten Fauftwendungen nach der Ordnung umlaufen, und
durch die Haupt - Hiebe auf einem Kreuzwege behauen wird: (Tab.
V. F. 3.)

§. 205.

Die Prim wird von unten hinauf gehauen, und zwar, indem
ich aus dem Lager in halb Terz (§. 201.) die Fauft in die erfte Wendung drehe, und dabei die Klinge zugleich nach der linken Seite
ohne grofse Verkürzung des Armes ziehe, fo, dafs ich jezt aus diefer verhängten Lage den Degen, deffen Schneide und Bügel ohnehin gegen den Feind gerichtet fein mufs, nur vermöge des zu fpan-
nenden Armes und Gelenkes nach der rechten und untern Seite des

Z   Ober-

Oberarmes oder nach der Bruft in der Linie No. 1. Fig. 3. Tab. V. aufzufchleudern brauche.

> Anm. Da diefer Hieb den Gegner von 'unten hinauf gleichfam der Länge nach beftreichet, und alfo, wenn er nicht trift, bis vor das Gefiht vorbei fliegen muſs, fo hüte man ſich in folchen Fällen für einem zu voreiligen Ueberbeugen.

§. 206.

Die Terz ift ein Seitenhieb, (Seitenterz) welcher in der dritten Wendung der Fauft aus einem vermöge des Gelenkes gemachten fcharfen Winkel von der linken nach des Gegners rechten Seite der Schulter oder unter der Bruft in der Linie No. III. gehauen wird.

> Anm. Zwifchen den Linien No. I. und III. ift der Weg für den Sekundhieb. Derfelbe ereignet fich ganz fo wie Prim, nur dafs er minder aus der Tiefe heraufgehauen wird, und fich folglich die Fauft weniger zu drehen braucht. Beide Hiebe werden daher fowohl ihrem Nahmen als Gebrauch nach mit einander verwechfelt, und als ein und eben derfelbe betrachtet.

§. 207.

Der Terz gegenüber liegt die Quart, gleichfalls ein Seitenhieb. No. IV. Hier bewegt man das Gelenke und die Klinge nach feiner Rechten zu einem Winkel, und wirft fie gegen die inwendige Seite des feindlichen Armes oder der ¦Bruft. Man pflegt diefen Hieb die volle, inwendige, oder auch die Winkelquart zu nennen, und zwar zum Unterfchied der Quart-koupee, oder fogenannten Polnifchen Quart, deren Linie unter No. IV. ohne Nummer liegt, und welche, wie die vorige, jedoch aus der Tiefe nach den Unterleib, oder inwendigen Untertheil des feindlichen Armes gehauen

hauen wird, indem man fich nemlich mit verhangener Quart fo weit nach der Rechten zurückbewegt, dafs die Spitze des Hiebers im Emporfchleudern über den Boden hinfchwebt,

§. 208.

Der Hieb nach dem Obertheil des Armes wird in h a l b T e r z und h a l b Q u a r t vollbracht, indem man das Fauftgelenke famt der Klinge nach oberwärts zurückbeugt, und fo gerade von Oben herab die Schneide auf die Schulter fallen läfst. Wenn diefer Hieb durch eine Linie No. II. gehauen wird, dafs er alfo etwas feitwärts von der Rechten gegen die Linke herunter fchräg über des Feindes Bruft geht, und die Fauft mehr in die vierte Wendung mufs gedrehet werden, fo wird er H a l b Q u a r t fimpel genannt. Bildet fich aber die Fauft mehr nach Terz, und der Hieb felbft ift von der Linken gegen die Rechte fchräg herabgerichtet, fo hauet man in h a l b T e r z fimpel. Diefe Hiebe heifen ihrer befondern Anwendung wegen K o p f h i e b e.

§. 209.

Die Hiebe werden nach der Lage der Blöfe, und der Klinge entweder a u f d e r S t e l l e, oder m i t U e b e r h e b e n angebracht, welches leztere unter dem Ausdruk: h o c h h a u e n zu verftehen ift. Das D u r c h g e h e n hat nur felten ftatt, und mufs alsdann ins Tempo des Feindes gemacht werden, damit derfelbe feine Klinge, wenn ich unter derfelben hinweggehe, um fo weniger auf den blos gegebenen Arm kann fallen laffen. Bei dem Ueberheben hingegen bleibt die Schneide der Klinge ftets gegen den Feind gewendet, und man wird zugleich in eine folche Lage verfezt, aus der man mit Schwungkraft zuhauen kann. Uebrigens erfolgt der Hieb in einem weit geringern Grade von Gefchwindigkeit, woran theils das Ueber-

Z 2

heben,

heben, gröſtentheils aber das zweifache Tempo im Aufheben, und
Niederfchnellen der Klinge Urfache find.

§. 210.

Um den Feind durch den Hieb zu erreichen, fo wirft man vermöge eines Strekens und Spannens des hintern (refp. linken) Fufses
und eines gleichzeitigen Beugens des vordern feinen Oberleib, und
vorzüglich die rechte Bruſt herfür, doch kann man, zumal wenn
der Feind weiter entfernt fein follte, auch dabei ausfallen, welches
jedoch langfamer gefchieht, und einen weniger gefchwinden Abzug
geſtattet, als im erſten Fall. Denn da brauche ich nur den vordern
Fufs wieder gerade zu ſtreken, und den andern, wie er vor dem
Hiebe war, zu beugen, fo wird der Oberleib mit leichter Mühe zu-
rückgenommen. Das Zurückgehen gefchieht übrigens, wie bei dem
Stofsfechten, mit der Parade oder zum Lager.

> Anm. Bei der Richtung des Hiebes nach der Blöſe mufs man vorzüglich
> auch die Schwäche der feindlichen Klinge zu faffen fuchen, damit 1)
> der Feind, um mit der Stärke zu pariren, eine gröfsere Bewegung ma-
> chen mufs, oder 2) falls er nicht regelmäfsig mit derfelben parirt, ich
> durchhaue.

Viertes

Viertes Kapitel.

Von den Paraden gegen Hiebe.

——————§——————

§. 211.

Das Pariren der Hiebe beftehet in einem feften und nachdrückli-
chen Entgegenfetzen der Stärke des Degens, mit welchem ich den
feindlichen Hieb auf halbem Wege empfange und zurückhalte. Es
gefchieht 1) mit geradem und gefpanntem Arm; 2) fo viel es nach
der Parade felbft möglich ift, mit gegen den Feind gerichteter
Spitze, und 3) mit fcharfer Klinge d. h. dafs ich den Hieb zwar an
der Stärke, aber auf der Schneide parire. Die Paraden an fich heifsen
S e k u n d, T e r z und Q u a r t, find aber wegen der hohen, minder hohen und tiefen Richtung der Hiebe wieder einzeln verfchieden.

§. 212.

I. Auswendige Paraden.

1) Gegen die S e i t e n t e r z bedient man fich der dritten Fauftwendung, in welcher man feinen Hieber nach der rechten Seite

aus-

auswärts anzieht, und mit erhabener, und etwas inwendig zu fe-
hender Spitze fo entgegen hält, dafs der feindliche Hieb auf die
Schneide und Parirung fallen mufs.

2) Die Primhiebe werden mit verhangener, jedoch nicht
fenkrecht herabhangender Klinge, die Fauft in Sekund gewendet,
parirt und aufgefangen. Wenn man aus diefer Parade die Klinge
fenkrecht und etwas höher nach der rechten Seite zieht, fo dient fie
auch zur Abwendung der Seitenterz.

§. 213.

II. *Inwendige Parade*:

Um die Hiebe in voller und halber Quart zu pariren, fo
gebraucht man 1) die vierte Wendung, und zwar bald unter fteifem,
bald etwas gebogenem und gefenktem Arm, je nachdem und woher
die Hiebe eigentlich erfolgen. Jedoch kann die Lage der Fauft
darum, weil ich mit der Schärfe, und erhabener gegen den Feind
gerichteter Spitze pariren mufs, nicht rein gemacht werden, und
man pflegt daher diefe Parade halb Quart zu nennen. Man verfällt hierbei mit der Fauft nach der linken, und fängt den Hieb mit
fcharfer Stärke auf. 2) Kann man fich, und zwar bequemer gegen
inwendige, von der Seite und obenher fallende Hiebe in verhangener Sekund vertheidigen, wobei man die Fauft mit fteifem Arm
nach der linken Seite fo erhebt, dafs man unter den Arm hindurch
dem Feinde ins Geficht bequem fehen kann, die Spitze des Degens
aber fchräg herab gefenkt ift. Der Unterfchied diefer Parade von
der obigen (§. 212. No. 2.) liegt nicht allein darin, dafs ich dort gegen untere, hier aber gegen obere Hiebe parire, fondern es ereignet
fich aus der Urfache des Parirens mit fcharfer Klinge noch ein befonderer, dafs nemlich der Feind bei der dabei genommenen Sekund-

lage

lage der Faust hier gegen den Schlufs und die Nägel der Finger,
dort aber gegen den Rücken der Hand zu sehen hat.

§. 214.

III. Paraden gegen untere Hiebe.

1) Aufser der schon oben (§. 212. No. 2.) angeführten Parade
kann die Prim auch noch ferner parirt werden, indem ich die
Klinge mit einem Winkel, und mit gefezter und in halb Quart ge-
drehter Faust scharf entgegen rücke, und zwar so, dafs die Spitze
des Hiebers nach auswendig erhaben, und der Schlufs der Finger,
wie auch die Nägel dem Feinde vor Augen liegen.

2) Die Quart-Koupee läfst sich a) in verhangener Quart
auffangen, wobei die Klinge nach dem Boden hängt, jedoch mit
dem geftrekten Arm einigermafsen in einem Winkel nach inwendig
zu liegt. — b) Kann man ihr auch in halb Terz und halb Quart
entgegnen, indem ich nemlich in dieser Wendung der Faust meinen
Arm und Klinge dem feinlichen Hiebe so vorstrecke, dafs die Spitze
des Degens und der Rücken der Hand dem Feinde vor Gesicht
liegen.

Anm. Von den Paraden mit aufwärtsstehender Klinge gegen untere Hiebe
ist zu merken, dafs dieselben nicht zu oft und gegen geschwinde Feinde
gebraucht werden dürfen, weil dabei die Kniehiebe in Abzug, oder
nach der Parade sehr leicht können angebracht werden.

§. 215.

IV. Paraden gegen Kopfhiebe.

Bei Kopfhieben hebe und lege ich, um zu pariren, mit geftrecktem Arm die Klinge eine Spanne hoch quer über und vor den
Kopf,

Kopf, wobei die Fauſt zwar in halb Terz, jedoch ſo zu liegen
kömmt, daſs der Rücken der Hand nach mir zuſteht. Auf dieſe
Art entgegnet man den Hieben, welche gerade auf den Kopf gerichtet ſind; bei andern hingegen, die etwas von der Seite her ſchnei-
den, findet nur ein kleiner Unterſchied ſtatt, daſs man nemlich die
Klinge insbeſondere bei halb Terz mehr rechts und mit etwas erhöhter Spitze, — bei halb Quart aber mehr links und mit etwas
verhangener Spitze entgegenbreitet. Die Parade überhaupt wird
hohe Querterz genannt, und erfolgt, da ihre Bewegung gleichſam Inſtinktmäſig iſt, ſehr geſchwind.

§. 216.

Von den beſondern Paraden der Stöſse können für den
Hieb nur wenige angewendet werden, und dieſe ſind 1) die Battute, und im Fall der Gegner mit geſtreckter Klinge (welches jedoch eine gerade ſein muſs,) auf mich zurennt, und ſtatt zu hauen
ſtöſst, zur Noth die Legade. Die Urſache davon liegt an der Breite
der Klinge, wodurch uns das Umſchieben derſelben erſchwehrt
wird. Hingegen bei der Battute hat dieſe keinen ſtöhrenden Ein-
fluſs, indem es ſich ſehr nachdrücklich an des Gegners Fläche *)
herunter ſtreifen läſst. Die Vollbringung, oder das Battute-ge-
ben geſchieht nach Art der Paraden mit emportragender Klinge auf
der auswendigen Seite des feindlichen Degens in halb Terz und auf
der innern in halb Quart.

*) Wenn ich daher unmittelbar gegen Hiebe battire, ſo darf dieſes nicht
mit ganz ſcharfer Klinge geſchehn, ſondern dieſelbe muſs ſo gedrehet
werden, daſs ſie etwas flach an des Gegners Schärfe herunterſtreift.

§. 217.

§ 217.

2) Das **K a v i r e n**, welches jedoch nicht wie bei dem Stofsfech-ten mit Durchgehen, sondern mit Ueberheben gemacht wird, da-mit man auch fogleich nachhauen kann. Es ift nur bei Seitenhieben anzuwenden, wo wir nemlich, indem der Feind unfere Klinge belegen und, um fich Blöfe zu machen, wegdrücken will, ihm, noch ehe er uns findet, durch die Kavation zuvorkommen, und unfere Klinge oberhalb bringen.

A a   Fünftes

Fünftes Kapitel.

Von den Nachhieben.

I. Auf einfache Paraden.

§. 218.

Man lagere sich in halb Terz mit gesezter Faust, und seitwärts nach inwendig gerichteter Spitze, damit auswendig Blöse entstehet. Sobald der Feind mit halb Terz in dieselbe hauet, so parire man in halb Terz mit aufwärts gerichteter Klinge, und haue halbe oder ganze Terz auf der Stelle, oder aber mit Ueberheben halbe oder ganze Quart nach. Schneidet hingegen der Feind mit seinem Hieb nach dem Gesichte, so verfalle man in hohe Querterz, und haue Prim nach.

§. 219.

Man lagere sich mit tiefen Arm und rechts gerichteter Spitze, und wenn der Feind inwendig mit halber oder voller Quart angreift,

so

ſo parire man in halb Quart, und entgegne mit gleichen Hieben auf
der Stelle, oder mit Ueberheben in Prim, ganzer oder halber Terz.
Sind aber die feindlichen Hiebe nach dem Kopf gerichtet, ſo parire
man entweder mit halb Quart hoch zu einem Nachhieb in Quart
unter den Arm, oder aber ſchütze ſich mit verhangener Sekund oder
Querterz, und haue im erſten Fall Prim, und im andern mit Ueberheben halb Quart nach.

§. 220.

Man gebe unter dem Arme zu Prim Blöſe, indem man ſich
mit etwas gehobenem Arm in Terz lagert, und parire, wenn der
Feind aushauet, mit verhangener Sekund oder in winklichter
Quart. Im erſten Fall ſind die Nachhiebe halb Terz oder halb Quart,
im andern Terz.

§. 221.

Hat man ſich mit hohem Arm in das Lager halb Quart begeben, ſo daſs der Feind Quart unter den Arm hauen kann, ſo verfahre man dagegen in halb Terz mit vorgeſtrecktem Arm, oder in
verhangener Quart, und ſchneide ſodann hier auf der Stelle mit
Seitenterz nach ſeinem Unterleib, oder hebe zu halb Terz über den
Arm; dort hingegen läſst ſich ganze oder halbe Terz nachhauen.

II. Auf Battuten.

§. 222.

Wenn man die Battute als eigentliche Parade und alſo à Tempo
gebrauchen will, ſo muſs man wegen Vermeidung der Gefahr ſich
zu verhauen von der Gewiſsheit des Aushiebes überzeugt ſeyn. Ue-

A a 2   brigens

brigens aber ift fie ein Mittel, welches den Feind nicht nur unfähig
macht, einen zweiten Hieb zu thun, fondern hindert denfelben
auch, die Nachhiebe fchnell zu pariren.

§. 224.

Man öfne dem Feinde in den Lager halb Terz auswendige
Blöfe zu halb Terz, und battire fodann diefen Hieb in halb Terz,
indem man mit Kürze die Klinge zurückbeugt, und an der Schneide des feindlichen Degens hinab fchleudert. Die Blöfe zu Nachhieben ift für volle oder halbe Terz befchaffen. Durch die inwendige
Battute hingegen, die man dem Feinde gegen halbe oder ganze
Quart anbringt, ereignen fich Blöfen zu Quart von der Seite oder
ebenher.

§. 225.

Gegen Prim, zu welcher man aus einem hohen Terzlager
Blöfe giebt, battire man mit winklichter Quart, indem man den
Arm fchnell verkürzt, und haue mit halber oder voller Quart nach.

Sechftes

Sechstes Kapitel.

Von den Mitteln, sich Blöse zu verschaffen.

§. 226.

Zu den gewaltsamen Mitteln, deren man sich, um einen Angriff zu forciren, bedient, gehöret 1) das Belegen, welches vorzüglich auch von Anfängern, um die Blöse zu begünstigen, kann gebraucht werden. Es geschieht auswendig in halb Terz und inwendig in halb Quart mit scharfer Klinge, und, wie bei dem Stofsfechten mit der Stärke an des Gegners Schwäche. Ereignet sich bei diesen Belegen ein starker Widerstand von feindlicher Seite, so hebe man schnell mit einem Hiebe nach der entgegengesezten Seite über: sonst aber kann man bei dem Ausfall oder Vorbeugen auf der Seite,

wo

wo man belegt hat, längſt der Klinge mit einem Druk hinfahren,
und ſogleich hauen. Vortheilhaft iſt das Belegen bei einer Prim
oder andern Auslage des Feindes, wo die Klinge verhangen erſchei-
net, indem ich ihm hier die Klinge nach ſeiner Bruſt zu drücke,
und binde; am vortheilhafteſten aber bei einem hohen Sekundlager,
in welchem ich dem Feinde die Spitze niederdrücke, und Prim oder
Quart mit ſcharfen Winkel ſchneide, durch welche Hiebe ich ihm
ſowohl die Parade erſchwere, als auch die allenfalls a Tempo erfol-
genden Kopfhiebe auffange.

§. 227.

2) Die Battute, und unter gewiſſen Umſtänden (§. 216.) die
Legade, welche zuweilen mit der Windung abgewechſelt werden kann. Uebrigens gebraucht man die Battute, wenn ſich der
Feind mit geſtreckter und ſteifer Klinge gelagert, und zwar entweder in Terz, — und dann haue ich auf die auswendige Battute
halbe oder ganze Terz, und auf die inwendige Quart von oben oder
von der Seite nach, — oder in hoher Sekund — und dann
ſind die Nachhiebe im erſten unterſtellten Fall Seitenterz und Prim,
im andern Seiten - oder tiefe Quart.

§. 228.

Zu den fernern Mitteln, ſich Blöſe — jedoch ohne eigentliche
Gewalt — zu öfnen, tretten 3) die Finten, welche aber nach dem
Mechanism der Hiebe nur von flüchtiger Art ſein, und mit Ueberheben gemacht werden können: ſonſt aber ebenfalls einfach und
doppelt ſtatt finden, und von und nach allen Seiten wechſeln.
Man verfährt dabei mit einem kurzen Ueberheben der Spitze durch
ein leichtes Wenden des Handgelenkes unter etwas vorgeſtrektem

Ober-

Oberleibe, zeigt einen gewiſſen Hieb, und geht, ſo wie die Parade im Fallen iſt, zu einem Hieb oder einer abermaligen Finte, wenn die erſte nicht gewürkt hat, nach der vorigen Seite zurück.

§. 229.

I. Einfache Finten. 1) Lagert ſich der Feind in Prim, ſo markire man längſt ſeiner Schwäche eine Finte in Quart unter den Arm, nnd ſchneide ihm ſodann auf die verhangene Parade mit halb Terz nach demſelben. 2) Wenn ſich der Feind in halb Quart gelagert hat, ſo zeige man auf der Auſſenſeite eine Finte in Terz oder in Prim, und gehe auf die Parade mit aufwärts geſtrekter Klinge zu halber oder ganzer Quart — unter verhangenen Paraden aber zu Quart nach inwendig zurück. 3) Wenn der Feind ſich in einem Terzlager befindet, ſo greife man ihn inwendig unter Zeigung einer Finte in halb Quart, oder je nachdem er hoch liegt, in tiefer Quart an, und haue auf der Auſſenſeite Terz oder Prim nach. *)

*) Anm. Der Angriff in dieſem Lager kann auch auf der Stelle in Prim geſchehen, und mit Terz auf die verhangene Parade verfolgt werden.

§. 230.

II. Doppelte Finten. 1) Liegt der Feind in halb Quart, ſo kann ich vor dem wirklichen Angriffe auf der Auſſenſeite erſt die Finte auswendig in Terz und inwendig in halb oder ganz Quart wechſeln, oder ich kann auch nach der Terzfinte von auſſen auf der Stelle zu Prim verfallen, und dann auf die verhangene Parade hoch nachhauen. 2) Gegen das Terzlager gehe ich inwendig in Quart

und

und auswendig in Terz, oder wenn der Feind inwendig verhangen parirt hat, in Sekund, und haue inwendig oder oberhalb fort.

Anm. Die Erinnerung, die Finten nur sparsam zu gebrauchen, ist bei dem Hieb um so nöthiger zu wiederhohlen, indem dieselbe hier den Zweck weniger als bei dem Stofs begünstigen. Denn 1) machen sie das Hauen schleppend und langsam; 2) gelingt es dem Gegner sehr leicht, nach gemachter Parade der Finte a Tempo zu hauen; und 3) ermüden sie den Arm.

Sieben-

Siebendes Kapitel.

Von den ferneren Attaken.

I. Von den Hieben ins Tempo, u. f. f.

§. 231.

Das Hauen ins Tempo ereignet sich wie bei dem Stoßfechten, und erfodert, auſſer dem vorhergeprüften Verhalten des Feindes, möglichſte Kenntniſs, Feſtigkeit, Aufmerkſamkeit und Entſchloſſenheit. Die Gelegenheit zu Tempohieben kann ſtatt finden
1) bei dem Aushauen des Feindes, 2) wenn derſelbe mit ſeinen
Hieben überhaupt in weitläufigen Bewegungen und ohne gehörige
Deckung hauet, oder b) wenn ich denſelben durch eine geſchickte
Wendung meines Körpers ſo auszuweichen verſtehe, daſs die
Klinge zur Parade nicht nöthig iſt: insbeſondere aber c) wenn er

B b   bei

bei hohen Hieben Arm und Hand zu fehr erhebt, oder mit tiefen weitläufig nach dem Unterleib hauet: — 2) bei Finten und zwar a) bei einfachen, wenn folche weitläufig,, und merklich gemacht werden oder b) bei gedoppelten, während die zweite erfolgt: — 3) Bei dem Verhauen.

§. 232.

Wenn der Feind nach auswendig eine weitläufige Terz hauet, oder auf diefelbe Art oft mit Finten angreift, fo lagere man fich in halb Quart, und haue, fobald derfelbe überhebt, halbe oder volle Terz *) ins Tempo. Auf ähnliche Weife begegne ich dem Feinde, wenn derfelbe mit Prim unten attakirt, indem ich das Lager in halb Quart beziehe, und, fo wie er die Spitze finken läfst, eine wohl gehobene halbe oder volle Quart ins Tempo haue.

*) oder auch Prim, wenn der Feind den Arm zu hoch bringt.

§. 233.

Man lagere fich in ein vollkommen dekendes Terzlager, und haue, fobald der Feind mit der Finte in halb Quart nach inwendig über die Klinge hebt, mit gehobener Fauft Quart ins Tempo: oder wenn der Feind gegen eben diefes Lager mit Prim fintirt, fchnelle man Terz oder halb Quart ins Tempo. — Bin ich in halb Quart gelagert, und der Feind zeigt mir die Finte auswendig in Terz, fo komme ich ihm mit geftrekter Terz während feines Ueberhebens ins Tempo.

§. 234.

§. 234.

Wenn der Feind oft mit tiefen Hieben nach den Unterleib, oder aber überhaupt nach Knie und Schenkel hauet, es geschehe auf der Stelle oder durch Ueberheben, so gebe man durch ein Lager die dazu gehörige Blöse, spanne aber, so wie der Feind den Hieb beginnt, das linke gebogene Knie gerade, und ziehe zugleich den rechten Fuß flüchtig hinter den Linken. *) Ueberhaupt aber streke man seinen Körper schlank, ziehe den Unterleib ein, und beuge dagegen die Brust desto besser herfür, erhebe Arm und Faust in die gehörige Lage des Hiebes, und vollbringe denselben, sobald der Gegner unter dem Arm durchhauet.

*) Dieses Zurücksetzen des Fußes bildet sich insbesondere, daß das linke Bein ganz gerade gestrekt, das rechte aber nur so angesezt ist, daß die Schenkel an einander schließen, vom Knie an aber sich der Fuß zurück hinter den linken beugt, und nicht platt, sondern blos mit der Spitze auf dem Boden ruht.

§. 235.

Wenn der Gegner inwendig mit Seiten - Quart nach dem Unterleib hauet, so ziehe den rechten Fuß (wie oben) zurück, kavire seiner Klinge im Ueberheben nach, so daß der Hieb in verhangener Sekund nach auswendig geworfen wird, und haue sodann mit Prim oder Seiten - Terz nach, wobei man zugleich den Fuß wieder herfür sezt. *) — Sollte aber der Feind diese Nachhiebe mit emporgerichteter Klinge pariren, so ziehe man den Fuß abermals zurück, und schneide im Zurückgehen mit Terz auswendig nach seinem Knie oder Schenkel. **)

*) Auf

*) Auf diefe Art, d. h. mit der Kavation kann man auch alle Hiebe nach dem Knie pariren, nemlich nach auswendig zu in verhangenen Sekund, und nach inwendig in Quart.

**) Nach diefer Weife kann man auch dem Feinde in Quart inwendig feines Schenkels begegnen, wenn derfelbe die vorgegangene Seiten - Quart mit hoher Klinge parirt.

§. 236.

Man lagere fich mit hoher Terz, fo, dafs der Feind Gelegenheit findet, mit Terz nach dem Unterleib oder Schenkel zu hauen; ziehe fodann den Fufs zurück, und haue mit halb Terz ins Tempo. Wenn hingegen der Feind mit Quart - koupee diefen erwähnten Angriff ordnet, fo ziehe man den Fufs, wie auch den Arm in etwas an, und falle mit halb Quart ins Tempo.

§. 237.

Wenn der Gegner inwendig oder auswendig mit Seitenhieben nach dem Kopf trachtet, fo tretta man mit dem linken Fufs etwas zurück, ziehe den Oberleib hinter fich, und benehme dadurch die Menfur; haue aber zugleich nach Ordnung obiger Fälle entweder Halb Quart nach inwendig oder halb Terz nach auswendig feines Armes entgegen, mit etwas tiefer Fauft und hoher Spitze. Doch kann man auch hier den Feind vorbei hauen laffen, und alsdann die Auffenfeite feines Armes durch Hiebe verfolgen. Damit man aber in dem Fall feinen Arm nicht preifs giebt, fo ift das A n z i e - h e n d e s A r m e s fehr vortheilhaft, indem man nemlich den Arm mit emporgerichteter Klinge zurückzieht, und diefelbe nebft der Fauft fo lang feft an feine Bruft druckt, bis die feindliche Spitze

vorbei

vorbei geflogen ift. Hierbei wird aber überhaupt eine fcharfe
Kenntnifs der Menfur erfodert, ob uns nehmlich des Gegners
Klinge nicht mehr faffen kann. — Wenn der Feind mit Prim
oder tiefer Quart nach der Bruft oder dem Arm hauet, fo begegne
man ihm auf die befchriebene Weife, und fchneide fodann mit
Seitenhieben, fobald er fehl gehauen hat, inwendig oder auswendig
ins Tempo.

§. 238.

Die Hiebe nach inwendig können auch in Verbindung einer
Volte parirt werden, und man bedient fich gegen tiefe Hiebe der
verhangenen Sekund mit einem Nachhieb in Prim oder Terz nach
der rechten Seite des Gegners: nach Seitenhieben hingegen, die
man mit hoher Klinge auffängt, hauet man in halb Quart in die
oberen Blöfen. Das Verhalten gegen einen folchen Fall beftehet
entweder in einem fchnellen Zurückfpringen, oder aber in einer
Gegenvolte, während welcher ich zugleich Quart inwendig oder
fcharfwinklichte Seitenterz haue.

§. 239.

Die Volte und das Giriren machen nöthig, *) von den Rü-
ckenparaden Erwähnung zu thun. Sie beftehen darin, dafs ich
nehmlich die Hiebe von hinten, wenn felbige von der rechten Seite
kommen, mit rückwärts hochgehobenem Arm in verhangener Sekund parire, welche Parade ebenfalls die nöthige Hülfe gegen Hiebe
von der linken Seite her leiftet, wenn ich meinen Körper ebendahin
drehe und Arm und Fauft nach links hochhebe, fo dafs die Klinge
rückwärts fchräg über den Rücken gefenkt.

*) Denn

*) Denn durch die Volte werde ich mit dem Rücken nach dem Feind ge-
.dreht, und ftehe alfo in Gefahr von einem geübten Gegner a Tempo attakirt zu werden. Das Giriren hingegen kann nicht minder den Rücken
bedrohen, und zwar, indem ich, wenn der Feind nach meiner Volte
gegenvoltiret, den zurückgefchlagenen Fufs wieder zurück nehme, und
ihn in einiger Entfernung feitwärts neben den rechten fetze, fo dafs ich
nun dem Feind von der linken in die Seite oder, wenn er ftark voltirt
hat, in den Rücken mit voller Terz hauen kann.

§. 240.

Man ziehe den Arm und Degen an die Bruft an, damit der
Gegner, wenn er Prim hauet, vorbei fliegen mufs, und haue alsdann halb Terz oder Quart auf der Stelle nach. Mit der Kavation
kann auch Quart inwendig nachgehauen werden. Wenn der
Gegner Terz mit einem kleinen Bogen hauet, fo fchneide man fogleich etwas hoch Seitenterz kontra Tempo, welcher Hieb meiftens
auf den Ellbogen zu fitzen kömmt. Wenn der Feind mit halb
Terz, halb oder ganz Quart angreift, fo lege man fich etwas tief
vor, und haue ganz hohe Seitenterz kontra Tempo, auf diefe Art
wird man fowohl den feindlichen Hieb auffangen, als auch den
feinigen an dem Oberarm neben der Bruft fitzend machen.

§. 241.

Was das Avanziren oder Anrücken betrift, fo ift diefes bei
dem Hauen eigentlich auffer förmlichen Paffaden nur dann rathfam,
wenn man den Feind mit dem Hiebe nicht erreichen kann, oder
derfelbe ohne Noth fich zurück zieht. Denn die allzugrofse Nähe
erlaubt weder richtig, noch kraftvoll zu hauen, und man ift fich
daher nicht nur felbft hinderlich, fondern giebt auch dem Feinde

weit

weit ſtärkere Blöſe, in die er vorzüglich im Zurückziehen ſehr
leicht einſchneiden kann. Schon aus dieſem läſst ſich daher urthei-
len, was man von dem Einſpringen mit Hieben zu halten
hat, wobei Regelmäſsigkeit, folglich auch Sicherheit, faſt unmög-
lich iſt. Meiſtens findet man dieſes Verfahren auch nur bei Naturaliſten und andern wilden Fechtern, welche — da ſie mit feſtem
Fuſse nichts auszurichten vermögen, — durch plözliches Anrüken
mit einem Sprung ihren Hieb von ungefähr auzubringen glauben.
Allein ein feſtes Vorhalten des Degen zum Anlaufen, oder falls er
gedekt zurückſpringt, ein Schneiden in die Blöſe beim Abzuge
wird ihnen ein ferneres Begegnen der Art nicht gut heiſsen.

§. 242.

Eben ſo unrathſam, als das Einſpringen, iſt das beſtändige
Eingehen mit Hieben, wo man nemlich des Gegners Nachhieb nicht erſt erwartet, ſondern ſogleich und immer auf die Parade
von neuem einhauet. Ohngeachtet dieſe Art, ſich zu benehmen,
den Arm ſehr bald ermüdet, und ſchwächt, ſo iſt auch mit derſelben weder gegen ungeübte noch geübte Fechter etwas auszurichten,
wenn ſie mit Kontratempo - Hieben entgegnen.

§. 243.

So nachtheilig auf der einen Seite das Einrücken mit Hieben
iſt, ſo vortheilhaft zeigt es ſich auf einer andern Seite mit der
Parade, indem man nemlich mit einer übrigens gewöhnlichen
und angemeſſenen Parade in des Gegners Hieb einfällt und entgegen
kömmt. Auſſer denen Vortheilen, die man dadurch erhält, nemlich: daſs es dem Gegner eine ſtarke und ermüdende Erſchütterung
in der Hand verurſacht; daſs es ihn wohl gar um den Nachhieb zu
pariren

pariren, aus der Faſſung Tezt; und daſs man bei dieſer Parade das
Durchhauen nicht befürchten muſs, da man die Klinge gleichſam
belegt, — dient es vorzüglich als ein Mittel, ſich in die gehörige
Menſur zum Hauen zu verſetzen, wenn man von ſeinem Gegner
etwas zu entfernt ſteht.

II. Von dem Renkontrefechten.

§. 244.

Das Renkontrefechten iſt eigentlich von beiden Gattungen der
Fechtkunſt zuſammengeſezt, und macht gleichſam den dritten Theil
derſelben aus. Bei Ausforderungen darf es zwar nicht ſtatt haben,
jedoch trift man zuweilen bei Hauenden Fälle an, daſs ſie ſich, beſonders wenn die Degen gerade und zweiſchneidig ſind, abwech-
ſelnd mit Hieben und Stöſsen begegnen. Bei Anfällen aber, und
im Krieg, wo es lediglich auf die Verletzung ankömmt, bindet
man ſich an keine Ordnung, und Stoſs und Hieb ſind daher gleich
recht. Welches von beiden mehr zu empfehlen iſt, muſs nach den
Verhältniſſen der Perſonen entſchieden werden. Freilich gehet man
mit dem Hiebe in ſo weit ſicher, daſs man ſtärker gedekt iſt, und
den Stoſs leichter weghauen kann. Hingegen verfährt man mit
dem Stoſse weit ſchneller, gegen die Hiebe ſelbſt ins Tempo (§. 168.)
leichter, und der Verletzung nach entſcheidender. Ueberdieſs kann
auch der Stoſsende weiter reichen, und, da er mit weniger Force
zu agiren braucht, gegen einen Starken ausdauern.

§. 245.

Stöſse gegen Hiebe.

1) Wenn der Feind Prim hauet, ſo parire man mit tiefer Fauſt
und hoher und winklichter Klinge in Quart, hebe und drehe ſodann

dann die Fauft, und ftofse in halb Terz und halb Quatt, oder in
Quart über den Arm, welcher Stofs mit halb Terz parirt, oder auf
der Stelle oder mit Durchgehen battiret werden kann. — Oder
man parire dem Feinde in verhangener Sekund, und ftofse mit
Terz über oder unter den Arm nach.

2) Wenn der Gegner auswendig mit Terzhieben angreift, fo
parire man gehörig, und ftofse Sekund oder Terz über den Arm
nach.

3) Wenn inwendig halb Quatt über den Arm gehauen wird,
fo verfalle man in hohe Querterz und ftofse Sekund unter den Arm.
Die Parade dagegen beftehet in halb Quart nach inwendig. oder in
verhangener Sekund nach auffen nach Art der Legade.

4) Man parire in halb Quart des Feindes Seiten Quart, und
ftofse in der vierten Wendung der Fauft inwendig nach denfelben,
welcher dagegen in halb Terz pariren oder battiren kann.

5) Wenn der Gegner von unten herauf nach links hauet, fo
fange man den Hieb mit entgegengeftellter Klinge auf, und ftofse
Quart inwendig — oder hat man in verhangener Quart parirt,
Sekund eben dafelbft nach.

6) Wenn der Gegner, indem ich mit Terz nach der rechten
Seite feines Kopfes haue, mir denfelben Hieb dagegen macht, fo
gehe man fchnell unter feiner Klinge hinweg, und ftofse Sekund
inwendig.

7) Hauet der Gegner aufferhalb, noch ehe er in der Menfur
ift, fo nehme man das Tempo wohl in acht, und kavire, indem er

faft

faſt die Klinge berührt, unter deſſen Hieb von der linken nach der rechten Seite geſchwind hindurch. Wird ſich ſo nach der Gegner verhauen, ſo rücke man eilig mit einem Quartſtoſs inwendig gegen ihn an. Sollte er ſich aber nicht verhauen, ſondern ſeine Klinge geſchwind zurückziehen, und auſſerhalb hauen wollen, ſo verfalle man hoch in Seknnd, und ſtoſse auſſerhalb fort, wobei auch insbeſondere die Paſſade kann gemacht werden.

8) Wenn man inwendig Quart nach dem Feinde hauet, er aber kaviret durch, um Terz über den Arm zu ſtoſsen, ſo mache man geſchwind eine Volte, wende die Hand in Quart, und ſtoſse damit, indem der Feind zu treffen gedenket, unter der Klinge nach ſeiner rechten Bruſt.

§. 246.

Wie man übrigens mit Hieben gegen Stöſse verfährt, kann aus der Parade, die man insbeſondere gebraucht, gefolgert werden, und iſt unter dem Kapitel: Von den Nachhieben, erſichtlich. Will man aber mit Tempohieben begegnen, ſo iſt es rathſam, dieſes unter irgend einem Verfallen des Körpers zu thun.

(Anhang

Anhang.

Für Lernende bemerke ich schlüfslich noch folgende Stufenleiter, die sie bei der Erlernung eines regelmäfsigen Fechtens nothwendig zu gehen haben.

A.

1) Man mache sich mit den Vortheilen der Klinge, und ihrem Beftandtheilen, so wie auch mit der Stellung, Auslage und den verfchiedenen Fauftwendungen genau bekannt.

2) Nehme

2) Nehme man einen gewiſſen Hieb oder Stoſs vor, übe denſelben ſo lang, bis er ganz rein, und vollkommen erſcheint, und
man die gehörige Fertigkeit darin erlangt hat. Alsdann

3) lagere man ſich feſte durch verſchiedene Lager, überzeuge
ſich von der Unanwendbarkeit des Stoſſes; wechſele aber hierauf in
die ordentliche Blöſe, laſſe ſich in dieſelbe ſtoſsen oder hauen, beobachte ſcharf, ob ſie die rechte und zu beſondern Gunſten eines
andern Stoſses nicht noch überdies geeigenſchaftet ſey, und parire
ſodann

4) den Stoſs ganz einfach, aber rein, geſchwind, und möglichſt enge, d. h. ohne groſse Blöſe dabei zu geben. Auf dieſe Art
verfahre man durchgängig mit jedem Stoſse, und verſuche unter
der Hand auch die beſondern jedoch noch einfachen Paraden zu
gebrauchen.

B.

Nach dieſer erſten Periode begiebt man ſich 1) an die Nachſtöſse oder Hiebe, indem man nemlich des Gegners erſte Stöſse parirt hat: und übernimmt ſodann

2) des Feindes Stelle, läſst ſich nachſtoſsen, und ſuchet mit
gleicher Geſchwindigkeit aus der Lage des Ausſtoſses in die verſchiedenen Paraden der Nachſtöſse zu verfallen. Nach dieſem übet
man

3) die

3) die Finten, einfach, nachher gedoppelt, übergehe keine ihrer verschiedenen Verbindungen, so wie auch nicht das jedesmahlige Greifen nach denselben. In dieser Periode nimmt man auch das Kaviren vor.

C.

Hat man nun in den simpeln Gängen eine Fertigkeit erlangt, sich aber auch zugleich von der sichern Behandlung überzeugt, und vergewissert, so kann man

1) mit den forcirten Angriffen beginnen, und anfangs in gehöriger, nachher aber aus der entfernten Mensur angreifen; oder sich, um auch die Würkung der Blöse machenden Mittel zu fühlen, angreifen lassen.

2) Bei den hier gewählten Gängen suche man noch die vorhandenen Paraden anzuwenden, verfalle zuweilen mit dem Körper, und bringe dadurch überhaupt Geschwindigkeit in die Füsse.

D.

Die vierte Periode fange man mit Tempostöfsen oder Hieben an, setze sie unter Passaden mit Desarmationen fort, und beschliesse dieselbe mit dem Kaminiren.

Wer

Wer übrigens in seinem Verfahren den vorgeschriebenen Regeln genau gefolget, und die vorigen Perioden nicht leichtsinnig durchlaufen ist, der wird vor der leztern, so kühn sie auch manchem scheinen mag, nicht zurückschaudern, sondern sie vielmehr mit leichter Müh besiegen.

CPSIA information can be obtained
at www.ICGtesting.com
Printed in the USA
BVHW030844091222
653835BV00015B/291